Elogios para
EL EFECTO COMPUESTO

"Este libro tan práctico y efectivo, basado en años de experiencia comprobada y provechosa, te muestra cómo incrementar tus habilidades especiales para maximizar las oportunidades que te rodean. *El efecto compuesto* es un cofre valioso, lleno de ideas para conseguir un éxito mayor del que alguna vez te hayas llegado a imaginar".

—Brian Tracy, orador y autor de *The Way to Wealth*

"Esta es una fórmula genial para construir una vida extraordinaria. Léela y, lo más importante, ¡ponla en práctica!".

—Jack Canfield, coautor de *The Success Principles: How to Get from Where You Are to Where You Want to Be*

"Darren Hardy ha escrito una nueva Biblia en el campo de la superación personal. Si estás buscando una lectura genuina, un programa real, con herramientas reales que cambien tu vida y hagan tus sueños realidad, *El efecto compuesto* es el material que quieres. Tengo intención de utilizarlo para que me ayude a recapacitar sobre todo aquello en lo que necesito esforzarme de nuevo. Compra diez copias, una para ti y nueve para las personas que más te importen en la vida. Dáselas cuanto antes. Te lo agradecerán".

—David Bach, fundador de FinishRich.com y autor de ocho éxitos editoriales en la lista de ventas de *The New York Times*, que incluye *The Automatic Millionaire*

"Este libro te permitirá subir por la escalera del éxito a un ritmo acelerado. Cómpralo, léelo y sácale provecho".

—Jeffrey Gitomer, autor de *The Sales Bible* y *The Little Red Book of Selling*

"Darren se encuentra en una posición única que le permite agrupar la capacidad intelectual de las personas con más éxito del mundo y reducirla a lo que realmente importa. Sencillo, directo y al grano. Estos son los principios que han guiado mi vida y la de todos los líderes empresariales que conozco. Este libro te mostrará el camino hacia obtener mayor éxito, felicidad y satisfacción".

—Donny Deutsch, presentador de televisión
y Presidente de Deutsch, Inc.

"Esta lectura es una fórmula brillante para llevar una vida extraordinaria. Lee *El efecto compuesto*, pero, sobre todo, pon sus principios en marcha".

—Roger Dawson, autor de *Secrets of Power Negotiating*

"*El efecto compuesto* es una fórmula genial para alcanzar la vida de tus sueños. Léelo y estúdialo. Y, más que todo, ¡llévalo a la práctica!".

—Chris Widener, orador y autor de *The Art of Influence: Persuading Others Begins with You* y *The Twelve Pillars*

"En *El efecto compuesto* Darren Hardy demuestra que el sentido común, cuando se aplica, genera resultados poco comunes y sorprendentes. Sigue estos pasos tan sencillos para convertirte en la persona que quieres ser".

—Denis Waitley, orador y autor de *The Psychology of Winning*

"*El efecto compuesto* te ayudará a vencer a la competencia, a superarte ante los retos y a construir la vida que mereces".

—T. Harv Eker, autor de *Secrets of the Millionaire Mind*,
1 en la lista de ventas de *The New York Times*

"Einstein dijo que acumular es la octava maravilla del mundo. Si deseas acumular éxitos, lee, percibe, comprende y haz uso total de la genialidad de mi amigo Darren y haz que tus sueños, esperanzas y deseos se conviertan en realidad".

—Mark Victor Hansen, cooperador de la serie *Chicken Soup for the Soul,* #1 de la lista de ventas de *The New York Times* y coautor de *The One Minute Millionaire*

"Las personas que hablan del éxito, pero no encuentran medios para materializarlo en su vida personal (relaciones, matrimonio y familia), no merecen mi admiración. En realidad, mis oídos se vuelven sordos a sus palabras. Desde que conozco a Darren Hardy, hablamos en todas nuestras conversaciones acerca de cómo les va a nuestros hijos, esposas y familias. Creo que Darren sabe mucho sobre la consecución del éxito y, lo que es aún más importante, quiere que la gente lo obtenga por las razones correctas".

—*Richard and Linda Eyre*, autores de *Teaching Your Children Values,* #1 en la lista de ventas de *The New York Times*

"*El efecto compuesto* de Darren Hardy es la culminación de los principios del éxito que son relevantes para cualquiera que los necesite. Como pensador, él ha contribuido de forma significativa a nuestra industria. ¡Un libro estupendo!".

—Stedman Graham, autor, orador y empresario

"De vez en cuando, se te presenta la oportunidad de dar un salto desde tu posición actual hacia la que siempre has querido ocupar. Este libro es esa oportunidad. Ahora, te ha llegado tu turno. Este es un trabajo magnífico de un experto en su campo".

—Robin Sharma, autor de los éxitos editoriales *The Monk Who Sold His Ferrari* y *The Leader Who Had No Title*

"Me he pasado la vida ayudándole a la gente a captar lo más esencial para que tenga éxito y logre resultados inmediatos, razón por la cual me encanta este libro y se lo recomiendo a todos mis clientes. Darren tiene un talento sorprendente para compartir técnicas eficaces y transmitírnoslas sin adornos, de tal forma que ahorremos tiempo valioso y de inmediato podamos poner en práctica su fórmula para el éxito".

—Connie Podesta, oradora de discursos,
autora e instructora de ejecutivos

"Si alguien conoce los principios del éxito es Darren Hardy, Editor y Director de Redacción de la revista *SUCCESS*. Esta lectura es sobre el retorno y la atención hacia lo fundamental, es decir, hacia lo realmente necesario para lograr el éxito. Haz de *El efecto compuesto* un manual para el resto de tu vida y avanza paso a paso hacia el cumplimiento de tus sueños".

—Dr. Tony Alessandra, autor de *The Platinum Rule* y *Charisma*

"Con *El efecto compuesto* Darren Hardy se une a la lista de los grandes autores de la superación personal. Si en verdad quieres triunfar y vivir de acuerdo a tu verdadero potencial, leer este libro es imprescindible. Será tu guía hacia el éxito".

—Vic Conant, Presidente de Nightingale-Conant

"Vivimos con prisa y en medio de multitud de distracciones. Si quieres progresar de manera eficaz, no solo lee este libro, sino estúdialo con lápiz en la mano".

—Tony Jeary, instructor de los principales ejecutivos
y triunfadores del mundo

EL EFECTO COMPUESTO

MULTIPLICA TU ÉXITO DE FORMA SENCILLA

DARREN HARDY

TALLER DEL ÉXITO

Copyright © 2021 - Taller del Éxito

Título original: *The Compound Effect: Jumpstart Your Income, Your Life, Your Success*
"Copyright © 2010, 2020 by *Darren Hardy*, LLC. Published by agreement with Folio Literary Managment, LLC and International Editors' Co".

Reservados todos los derechos. Ninguna parte de esta publicación puede ser reproducida, distribuida o transmitida por ninguna forma o medio, incluyendo: fotocopiado, grabación o cualquier otro método electrónico o mecánico, sin la autorización previa por escrito del autor o editor, excepto en el caso de breves reseñas utilizadas en críticas literarias y ciertos usos no comerciales dispuestos por la Ley de Derechos de Autor.

Publicado por:
Taller del Éxito, Inc.
1669 N.W. 144 Terrace, Suite 210
Sunrise, Florida 33323
Estados Unidos
www.tallerdelexito.com

Editorial dedicada a la difusión de libros y audiolibros de desarrollo y crecimiento personal, liderazgo y motivación.

Diagramación y diseño de carátula: Chrislian Daza
Traducción y corrección de estilo: Nancy Camargo Cáceres
Director de arte: Diego Cruz

ISBN: 978-1607387756

25 26 27 28 29   R|GIN   14 13 12 11 10

Dedico este libro a:

Jerry Hardy, mi padrino, mi padre y la persona que me enseñó con su ejemplo los principios de **el efecto compuesto.**

Y a Jim Rohn, mi mentor, quien me enseñó, entre otras muchas cosas, a hablar de los temas que importan con las personas que se interesan en ellos.

AVISO

Los encabezados de estos capítulos parecen sencillos. Las estrategias del éxito ya no son un secreto, pero la mayoría de las personas las ignoran. ¿Crees que ya conoces los secretos del éxito? Eso es lo que cree todo el mundo. Lo cierto es que las seis estrategias recogidas en este libro, aplicadas en secuencia, enriquecerán tus finanzas y tu vida (es decir, tu éxito) de una forma que nunca antes habrías imaginado.

Como Editor de la revista SUCCESS, lo he visto todo. Nada funciona mejor que El efecto compuesto de acciones sencillas repetidas durante un tiempo.

Por esta razón, lo que leerás a continuación es lo que de verdad cuenta para conseguir gran éxito en la vida. No importa cuál sea tu sueño o meta, el plan para lograrlo se encuentra en el libro que tienes en tus manos. Léelo y transforma tu mundo.

ÍNDICE

Agradecimientos 15

Introducción 21

Capítulo 1. El efecto compuesto en acción 27

Capítulo 2. Elecciones 47

Capítulo 3. Hábitos 81

Capítulo 4. Momentum 123

Capítulo 5. Aceleración 175

Conclusión 195

Guía de recursos 201

AGRADECIMIENTOS

Dirijo mi reconocimiento y gratitud al equipo de *SUCCESS* Media y de la revista *SUCCESS*, que me ha apoyado durante esta labor realizada casi con sangre, sudor y lágrimas. Además, hago una mención especial a mis buenos amigos y colegas Reed Bilbray y Stuart Johnson.

A mi musa literaria y colaboradora, Linda Sivertsen, que me ayudó a compilar las historias y alusiones del pasado y puso orden y coherencia a lo largo de estas páginas

A las prodigiosas correcciones de Erin Casey, al toque siempre genial de la redactora de la revista *SUCCESS*, Lisa Ocker, y a nuestra redactora jefe, Deborah Heisz.

A los muchos y destacados expertos en desarrollo personal con quienes he trabajado y de quienes he aprendido durante las dos últimas décadas —todos aquellos directores ejecutivos, empresarios innovadores y asombrosos triunfadores que he tenido la oportunidad de entrevistar y de los cuales he absorbido nuevas perspectivas, ideas y sabiduría.

A todos los lectores de la revista *SUCCESS*, de mi bitácora (blog) y del resto de mis publicaciones, cuya opinión entusiasta y agradecida me inspira a continuar con la búsqueda del cenit de mis posibilidades, para así ayudarles a otros a encontrar las suyas.

Finalmente, y sobre todo, gracias a mi bella y maravillosa esposa, Georgia, quien sacrificó muchas noches y fines de semana sin mí, mientras yo trabajaba, finalizando este manuscrito.

No importa lo que aprendas,
ni qué estrategia o táctica utilices,
el éxito llega como resultado del efecto compuesto.

MENSAJE ESPECIAL DE ANTHONY ROBBINS

Durante los últimos 30 años, he tenido el privilegio de ayudarles a más de cuatro millones de personas a progresar en la vida. He trabajado con un grupo muy diverso: desde presidentes de gobierno, presos, atletas olímpicos, ganadores de Óscar y empresarios millonarios hasta con personas que luchaban por poner en marcha un negocio. Tanto si se trataba de una pareja esforzándose por mantener a su familia unida como de un preso que buscaba la forma de cambiar radicalmente su vida, mi atención siempre se ha centrado en ayudarle a la gente a conseguir resultados reales y sostenibles. Esto no se logra con una píldora mágica, ni con una fórmula secreta, pero sí cuando se tienen las estrategias y las herramientas adecuadas, cuando cuentas con el conocimiento necesario en ciencia que te permite romper con patrones destructivos y construir una vida llena de sentido.

Darren y yo decidimos asumir el control de nuestra vida a una edad muy temprana. Buscamos respuestas, pidiéndoles su opinión a quienes tenían el tipo de vida que queríamos para nosotros. Aplicamos lo que aprendimos. No te sorprendas si ambos mencionamos a Jim Rohn como nuestro mentor. Jim era un experto ayudándole a la gente a comprender la verdad, las leyes y las prácticas que conducen a un éxito real y duradero.

Él nos enseñó que triunfar no se debe a la suerte, sino que es una ciencia. Sí, claro. Todos somos diferentes, pero las leyes del éxito son iguales para todos. Cada uno recoge lo que siembra, así que no podemos obtener de la vida lo que no estamos dispuestos a dar. Si quieres más amor, da más amor. Si deseas un éxito mayor, ayúdales a otros a conseguir más. Es decir que, cuando estudies y domines el arte de triunfar, encontrarás el éxito que deseas.

Darren Hardy es la prueba viviente de esta filosofía. Él practica lo que dice. Los conceptos que expone en este libro están basados en lo que ha funcionado en su vida —y en la mía también—. Este hombre ha aplicado principios sencillos, pero profundos y que son la clave para tener éxito, utilizándolos para ganar a sus 24 años de edad más de $1 millón de dólares al año y poniendo en marcha una compañía de más de $50 millones a sus 27. En los últimos 20 años de su vida, Darren ha sido el laboratorio personal en el que él mismo ha estudiado e investigado el tema del éxito. Se ha utilizado a sí mismo como un conejillo de indias, probando cientos de ideas, recursos y herramientas diferentes y, mediante sus fracasos y triunfos, ha aprendido qué ideas y estrategias funcionan y cuáles no.

A lo largo de 16 años, me he relacionado con Darren, quien, como líder de la industria del desarrollo personal, ha trabajado estrechamente con cientos de escritores, oradores e intelectuales de primera clase. También ha formado a decenas de miles de empresarios, aconsejado a grandes empresas y sido el mentor de docenas de directores ejecutivos y triunfadores de alto rendimiento, aprendiendo de ellos lo que realmente importa y funciona y lo que no.

En su cargo como Editor de la revista *SUCCESS,* Darren ocupa una posición central en el sector del desarrollo personal. Ha entrevistado a personajes de éxito, desde Richard Branson hasta al General Colin Powell y a Lance Armstrong, con quienes ha tratado multitud de temas relacionados con el éxito. A partir de este material, ha filtrado las mejores ideas y las ha compilado todas (incluso, algunas mías). En sí mismo, Darren es una enciclopedia clasificada, filtrada, asimilada, resumida, analizada, categorizada, detallada e informativa de éxito personal. Ha descartado lo innecesario y se ha centrado en los verdaderos principios esenciales, los cuales tú puedes poner en práctica para obtener resultados apreciables y sostenibles.

El efecto compuesto es el manual del usuario que enseña a manejar el sistema, cómo controlarlo, dominarlo y adaptarlo según las necesidades y deseos de cada uno. En cuanto lo pongas en práctica, no habrá nada que se te resista.

El efecto compuesto se basa en un principio que he utilizado en mi propia vida y que ha sido parte de mi formación: las decisiones moldean nuestro destino. El futuro lo creamos nosotros. Pequeñas decisiones diarias nos conducen a la vida que deseamos o, de forma predeterminada, al desastre. En realidad, son las decisiones menores las que moldean nuestra vida. Mantente alejado de tu itinerario en solo dos milímetros y tu trayectoria cambiará. Las que parecían pequeñas decisiones intranscendentes, hoy, pueden llegar a convertirse en un error de cálculo enorme. Todo lo que eliges: desde la comida, el lugar de trabajo, las personas con las que pasas tu tiempo, hasta lo que hace por las tardes, determina tu modo de vida actual, pero aún más importante, el que tendrás el resto de tu vida.

Lo bueno es que es posible introducir cambios. De la misma manera en que esos dos milímetros de desviación nos apartan del camino, un ajuste de otros dos milímetros nos trae de nuevo al hogar. El secreto está en encontrar el plan, la guía o el mapa que nos muestre dónde está ese hogar, cómo llegar allí y cómo mantenernos en la ruta.

Este libro es ese plan de acción detallado y real. Deja que cambie radicalmente tus expectativas, elimine tus ideas preconcebidas y despierte tu interés por aportarle valor a la vida y empieza ahora mismo. Aprovecha esta herramienta. Utilízala como una guía para construir la vida y el éxito que deseas. Si así lo haces, junto con el resto de otras cosas correctas, y con la ayuda de una gran perseverancia, sé que encontrarás lo mejor que la vida tenga para ofrecerte.

¡Vive con pasión!

Anthony Robbins

Empresario, autor y estratega de rendimiento máximo

INTRODUCCIÓN

Este libro trata del éxito y de cómo conseguirlo. Ya es hora de que alguien te lo cuente claramente, pues te han mantenido entre tinieblas durante demasiado tiempo. No existen curas milagrosas, ni fórmulas secretas, ni soluciones rápidas. No ganarás $200.000 dólares al año navegando por Internet dos horas al día, ni perderás 15 kilos en una semana, ni borrarás 20 años de tu rostro con una crema, ni solucionarás tu vida amorosa con una pastilla, ni tampoco conseguirás el éxito duradero intentando implementar planes que resultan demasiado buenos como para ser verdad. Sería maravilloso si el éxito, la fama, la autoestima, las relaciones personales satisfactorias, la salud y el bienestar pudieran comprarse empaquetados en una tienda de oportunidades. Sin embargo, las cosas no funcionan así.

Constantemente nos bombardean con promesas para conseguir riqueza, una magnífica forma física, juventud y atractivo, todo de un día para otro, con poco esfuerzo y en tres cuotas de $39,95 dólares. La repetición de estos mensajes publicitarios ha desfigurado nuestra noción de lo que en realidad se requiere para triunfar. Hemos perdido la visión de los sencillos, pero profundos principios que se necesitan para alcanzar el éxito.

¡Ya está bien! No voy a quedarme sentado sin hacer nada, viendo cómo estos mensajes insensatos hacen descarrilar a la gente. He escrito este libro para enseñarte lo que realmente importa. Voy a ayudarte a que te deshagas de lo superfluo y a que te centres en lo esencial. Podrás incorporar de inmediato a tu vida los ejercicios y principios del éxito, ya comprobados y descritos en este libro, con el fin de lograr resultados palpables y duraderos. Te mostraré cómo aprovechar el poder del efecto compuesto, el sistema operativo que ha estado gobernando tu vida, para mejor o para peor. Si lo utilizas a tu favor, revolucionarás tu vida. Habrás oído decir que es posible lograr cualquier cosa que nos propongamos, ¿verdad? Bueno, sí. Pero solo si sabemos cómo. Este libro es el manual del usuario en el que aprenderás a dominar el sistema para lograr todo lo que te propongas. Cuando lo uses, no habrá nada que no puedas obtener y lograr.

¿Cómo sé yo que *El efecto compuesto* es el único proceso necesario para alcanzar el éxito supremo? En primer lugar, porque he aplicado estos principios en mi propia vida. Odio la superioridad con la que algunos autores hablan de su fama y riqueza, pero es importante que sepas que yo te cuento mis experiencias personales, me estoy ofreciendo como la prueba viviente y no repito teorías mecánicamente. Como mencionaba Anthony Robbins, he disfrutado de considerable éxito en mis proyectos empresariales, porque he procurado vivir según los principios que leerás en este libro. Durante los últimos 20 años, he estudiado intensamente el éxito y los logros humanos. He gastado cientos de miles de dólares, probando miles de ideas, recursos y filosofías diferentes. Mi experiencia personal me ha demostrado que no importa lo que aprendas o qué estrategia o táctica emplees, el éxito surge como el resultado del sistema operativo del efecto compuesto.

En segundo lugar, porque durante los últimos 16 años, he estado a la cabeza de la industria del desarrollo personal. He trabajado con respetados pensadores, autores y oradores. Como orador y consultor, he formado a miles de empresarios. He sido mentor de líderes de negocios, directores ejecutivos y de innumerables triunfadores. He examinado miles de monografías (o estudios de casos) de las cuales aprendí lo que funciona y lo que no.

En tercer lugar, porque, como Editor de la revista *SUCCESS*, tengo que tamizar miles de propuestas de artículos y libros, ayudar a decidir qué expertos tendrán un espacio en la revista y revisar todo su material. Cada mes, entrevisto a media docena de expertos, hablamos de multitud de temas de éxito y obtengo los detalles de las mejores ideas. Todo el día, todos los días, consumo, clasifico, filtro y leo una montaña de información sobre éxito personal.

Lo que quiero decir es que, cuando se tiene una visión tan completa de esta industria, unida a la sabiduría obtenida a través de las enseñanzas y prácticas de algunas de las personas más exitosas del mundo, llegas a ver las cosas con sorprendente claridad. Es decir, las verdades fundamentales subyacentes se te vuelven más claras que el agua. Una vez que he visto, leído y escuchado casi todo, ya no me dejo engañar ni por la táctica más novedosa, ni por quien pretende hacerse pasar por profeta, anunciando el adelanto científico más innovador. Nadie me engaña con sus trucos. Tengo demasiados puntos de referencia.

La escuela de la vida me ha enseñado la verdad de la forma más cruda. Como decía mi mentor, el filósofo de los negocios, Jim Rohn: "No hay principios nuevos. La verdad no es nueva, es vieja. Acostúmbrate a desconfiar del individuo que te diga, 'Ven por aquí, quiero enseñarte las antigüedades que he fabricado'. No, no es posible fabricar antigüedades".

Este libro se ocupa de lo realmente importante, sin necesidad de adornos innecesarios. ¿Cuáles son esos seis elementos básicos que, bien enfocados y dominados, constituyen el sistema operativo que te llevará a cualquier meta que desees alcanzar y te ayudará a vivir la vida a la que estás destinado? Este libro contiene esos seis componentes fundamentales que forman el sistema operativo denominado *El efecto compuesto*.

Antes de meternos de lleno en el desarrollo del tema, tengo que advertirte: lograr el éxito no es fácil. El proceso es laborioso, tedioso y, algunas veces, aburrido. Conseguir ser rico e influyente y convertirse en el mejor en tu campo supone un proceso lento y arduo. No me malinterpretes. Lo que te quiero decir es que, solo si sigues estos pasos, verás resultados reales en tu vida, casi de inmediato. Pero si odias el esfuerzo, la disciplina y la entrega, por mí, bien puedes encender el televisor otra vez y depositar tus esperanzas en el siguiente "anuncio de teletienda" (sí, ese que promociona éxito inmediato si tienes a mano una buena tarjeta de crédito).

Aquí quería llegar: ya conoces todo lo que necesitas para triunfar. Por lo tanto, no tienes que aprender nada más. Si todo lo que necesitáramos fuera información, todo el mundo con una conexión a internet viviría en una mansión, tendría abdominales de acero y sería feliz por completo. Así que, lo que tú necesitas es un plan de acción, no más o nueva información. Es hora de establecer nuevos comportamientos y hábitos que te aparten de la autodestrucción y te orienten hacia el éxito. Así de sencillo. Estás a punto de descubrir un plan de acción detallado y tangible. Deja que tus expectativas crezcan, elimina tus ideas preconcebidas, despierta tu curiosidad y apórtale valor a tu vida ahora mismo. Este libro, junto con las herramientas que aquí te proporciono, te ofrece lo mejor de todo lo que he oído, visto, estudiado y probado. Es lo mejor de lo que incluimos todos los meses en la revista *SUCCESS*, todo en un escrito que cambiará tu vida. Y es sencillo.

¡Empecemos!

CAPÍTULO 1

EL EFECTO COMPUESTO EN ACCIÓN

¿Conoces el refrán "paso a paso se llega lejos"? ¿Te han contado alguna vez la fábula de la liebre y la tortuga? Señoras y señores, yo represento a la tortuga. Denme tiempo suficiente y venceré, prácticamente, a todo el mundo, en cualquier momento y en cualquier desafío. ¿Por qué? No porque sea el mejor, el más listo o el más rápido. Ganaré, porque he desarrollado hábitos positivos y los he aplicado con constancia. Yo soy un partidario por excelencia de la constancia. Yo mismo soy la prueba viviente de que esta es la clave primordial del éxito y también el mayor obstáculo para quienes luchan por triunfar. La mayoría de las personas no sabe cómo perseverar. Yo sí. Se lo debo a mi padre. Él fue mi primer instructor y le agradezco por estimular en mí el poder del efecto compuesto.

Mis padres se divorciaron cuando yo tenía 18 meses y mi padre me crió él solo. No era en sí mismo la clase de padre dulce y cariñoso. Había sido entrenador de fútbol americano universitario, así, con ese enfoque, me preparó duramente para triunfar.

Todos los días, mi padre me despertaba a las 6:00 de la mañana y no con una palmadita cariñosa en el hombro, ni con el sonido de un radio despertador. No, lo que me despertaba era un incesante sonido mecánico producido por hierro, golpeando contra el suelo del garaje, que estaba situado al lado de mi dormitorio. Era como despertarse a 4 metros de un solar en construcción. En la pared del garaje, mi padre había escrito el lema "Para ganar hay que sufrir" y lo miraba fijamente, mientras repetía infinidad de veces los tradicionales pesos muertos, levantamientos en dos tiempos, fondos y sentadillas. Contra lluvia, viento o marea, mi padre siempre estaba allí, con sus pantalones cortos y una camiseta vieja. No perdonaba ni un solo día. Su puntualidad era la de un reloj.

Yo tenía asignadas más tareas que un ama de llaves y un jardinero juntos. Cuando volvía del colegio, siempre me esperaba una lista con más instrucciones: quitar la maleza, rastrillar las hojas, barrer el garaje, quitar el polvo, pasar la aspiradora, lavar los platos o lo que fuera. Ir mal en el colegio no era tolerable. Así eran las cosas con él.

Mi padre era la típica persona para la cual no había excusas valederas. Nunca nos permitía no ir al colegio por estar enfermos, a menos que estuviéramos vomitando, desangrándonos o que tuviéramos algún "hueso al descubierto". La expresión "hueso al descubierto" se remontaba a sus días como entrenador. Sus jugadores sabían que no podían abandonar el juego, a no ser que se lesionaran gravemente. En una ocasión, un defensa quería retirarse del partido y mi padre le contestó: "No, a menos que tengas un "hueso al descubierto". El defensa se quitó las hombreras y, no cabía duda, se le veía la clavícula. Solo entonces, le permitió abandonar el campo.

Una de sus teorías esenciales era: "No importa lo listo que seas, necesitas compensar con esfuerzo la falta de experiencia, destreza, inteligencia o de habilidades innatas. Si tu oponente es más listo o tiene más talento y experiencia que tú, tendrás que esforzarte tres o cuatro veces más que él. ¡Pero puedes vencerlo!". Sea cual fuera el reto, él me enseñó a compensar con esfuerzo todo aquello que pudiera ser una desventaja: ¿has fallado tres tiros en el partido? Practica mil tiros libres todos los días durante un mes. ¿Te falla el regateo con la mano izquierda? Sujeta la mano derecha en la espalda y practica el regateo tres horas al día. ¿Vas mal en matemáticas? Aplícate, contrata a un profesor y estudia al máximo todo el verano hasta que las entiendas. No valen excusas. Si hay algo que no se te da bien, esfuérzate más y trabaja de manera inteligente. Mi padre también predicaba con el ejemplo. Pasó de ser entrenador de fútbol americano a convertirse en un gran experto en ventas. Después, llegó a ser el jefe y, por último, consiguió tener su propia empresa.

Sin embargo, nunca nos daba demasiadas instrucciones. Desde pequeños, él prefirió que nosotros mismos encontráramos la respuesta. Para él, todo era cuestión de asumir responsabilidades. No nos insistía cada tarde para que realizáramos nuestros deberes escolares; solo teníamos que demostrarle nuestro nivel de rendimiento con los resultados; y si estos eran buenos, nos elogiaba; si obteníamos buenas notas, nos llevaba a una heladería donde servían una "banana split" con ¡seis bolas de helado y todo tipo de extras! Muchas veces, mis hermanos no conseguían buenos resultados y, por lo tanto, no podían ir a la heladería.

Conseguir que te llevara era un triunfo, así que nos esforzábamos al máximo para ganarnos el premio.

Es innegable que su disciplina me sirvió de ejemplo. Él era mi ídolo y yo quería que él estuviera orgulloso de mí. Además, tenía miedo de decepcionarlo. Una de sus teorías solía ser: "Debes ser el chico que sabe decir 'no'. No es una proeza dejarse llevar por los demás. Debes ser el diferente, el tipo excepcional". Por esa razón, nunca probé las drogas, aunque él jamás me asedió con ese tema. Yo no quería ser el típico chico que se deja arrastrar y termina haciendo algo, porque los demás también lo hacen, como tampoco quería defraudar a mi padre.

Gracias a él, a los 12 años, dominaba ya un programa propio de un eficiente director ejecutivo. A veces, me quejaba y protestaba (después de todo, no dejaba de ser un niño), pero incluso entonces, lo disfrutaba en secreto, pues yo sabía que tenía ventaja con respecto a mis compañeros de clase. Desde temprana edad, mi padre me inculcó la disciplina y la mentalidad necesarias para ser responsable, comprometido y conseguir lo que me propongo. No es casualidad que el eslogan de la revista *SUCCESS* sea "*What Achievers Read*" ("Lo que leen los triunfadores").

En la actualidad, bromeo con mi padre por haberme entrenado para convertirme en un adicto al triunfo. A mis 18 años, ya estaba ganando un sueldo de seis cifras con mi propia empresa. A los 20, ya era el propietario de una casa en un barrio elegante. A los 24, mis ingresos superaban $1 millón de dólares al año y, a los 27, ya era oficialmente millonario, con una empresa que generaba más de $50 millones de dólares en ganancias. Y eso es solo lo que he conseguido hasta ahora, porque todavía no he cumplido los 40 y ya tengo dinero y bienes suficientes como para mantener a mi familia el resto de mi vida. Mi padre me dice: "Hay muchas formas de echar a perder a un hijo; al menos, mi método resultó muy eficiente, pues todo indica que, contigo, me funcionó".

Aunque admito que he tenido que *practicar* para saber estar de brazos cruzados y disfrutar del momento o relajarme en un diván sin llevar conmigo un montón de libros de economía o unos CD de autoayuda, tengo que agradecerle a mi padre —y también a otros mentores posteriores— sus enseñanzas para triunfar.

El efecto compuesto revela el "secreto" de mi éxito. Estoy convencido de su eficacia, porque mi padre se aseguró de que yo lo pusiera en práctica cada día hasta que fue imposible vivir de otra manera, aunque lo intentara.

Pero si tú eres como la mayoría de la gente, no estás realmente convencido de esto y es bastante comprensible que así sea, por muchas razones. Tú no has tenido el mismo entrenamiento que yo, ni los ejemplos para saber cómo obrar. Tampoco has experimentado los beneficios del efecto compuesto. Formamos parte de una sociedad que nos ha engañado, que nos ha hipnotizado con marketing comercial, que nos hace creer que tenemos problemas que en realidad no tenemos para luego vendernos soluciones instantáneas que contribuyan a "solucionarlos". Nos han inculcado los finales felices de las películas y las novelas y hemos olvidado los verdaderos valores tradicionales, como el trabajo arduo y constante.

A continuación, examinaremos estos obstáculos uno por uno.

El efecto compuesto consiste en cosechar grandes beneficios basados en una serie de pequeñas pero inteligentes decisiones.

Lo más interesante de este proceso es que, si bien los resultados son enormes, en su momento, los pasos que seguimos no *parecen* importantes. Tanto si vas a utilizar este método para mejorar tu salud, tus relaciones personales, tus finanzas o cualquier otro aspecto de tu vida, verás que los cambios son tan sutiles que resultan casi imperceptibles. Estos pequeños cambios casi no nos proporcionan ningún resultado inmediato, ni grandes logros y aún menos beneficios evidentes. Por lo tanto, ¿para qué molestarse?

Ciertamente, la simplicidad del efecto compuesto confunde a mucha gente. Por ejemplo, muchos dejan de trotar después de ocho días, porque siguen con sobrepeso; tampoco continúan practicando el piano después de seis meses, porque solo saben tocar la canción Chopsticks (literalmente, "palillos chinos", porque se toca con dos dedos); también hay quienes dejan de contribuir al plan de pensiones después de varios años, porque prefieren gastarse el dinero, pues, de todos modos, su fondo de ahorros no parece aumentar demasiado.

En otras palabras, muchos no se dan cuenta de que esas pequeñas decisiones que, a primera vista, parecen insignificantes, a la larga, marcarán una gran diferencia. Déjame ilustrarte con unos ejemplos.

Pequeñas elecciones acertadas + Constancia + Tiempo =
DIFERENCIA RADICAL

EL PENIQUE MÁGICO

Si te dieran a elegir entre $3 millones de dólares en efectivo ahora mismo y $0,01 penique que dobla su valor todos los días, durante 31 días, ¿qué elegirías? Si ya te han contado esta historia antes, sabrás que debes elegir la táctica del penique, puesto que es el método que te proporcionará más riqueza. Sin embargo, ¿por qué es tan difícil creer que el penique producirá más dinero al final? *Porque tardamos mucho más en ver el beneficio.* Examinemos este ejemplo con más detenimiento.

Supongamos que te decides por el dinero en efectivo y que una amiga tuya se decide por el penique. En el espacio de cinco días, tu amiga tiene $0,16 centavos. Tú tienes $3 millones de dólares. Al décimo día, nos encontramos con que ella tiene $5,12 dólares y tú todo tu montón de dinero. ¿Qué crees que piensa tu amiga acerca de la decisión que ella tomó? Por tu parte, tú estás gastando tus millones, disfrutándolos al máximo y te sientes encantado con tu decisión.

Después de 20 días, faltando apenas para completar los 31, tu amiga tiene solo $5.243 dólares. ¿Cómo crees que ella se siente en ese momento? Con todo su sacrificio y actitud positiva, apenas ha alcanzado un poco más de $5.000 dólares. En cambio, tú tienes tus $3 millones de dólares... o lo que te vaya quedando de ellos. Es entonces cuando la magia invisible del efecto compuesto empieza a apreciarse. Ese pequeño aumento aritmético, aplicado a diario a un penique, después de 31 días, genera un valor acumulado de $10.737.418,24 de dólares. Esa cantidad es tres veces mayor que tus $3 millones.

En este ejemplo, queda demostrado por qué la constancia a largo plazo es tan importante. El día #29, tú sigues con tus $3 millones de dólares y tu amiga ya ha alcanzado $2,7 millones. Es en el día #30 cuando tu amiga te adelanta y consigue acumular $5,3 millones de dólares. Y en el último día de esta carrera maratónica, tu amiga te deja por fuera del juego y termina con $10.737.418,24 de dólares, frente a tus $3 millones.

Pocas cosas son tan impresionantes como la "magia" de los peniques que se acumulan. Sorprendentemente, esta "fuerza" es igual de poderosa en todos los aspectos de tu vida.

A continuación te ofrezco otro ejemplo...

TRES AMIGOS

Pensemos en tres amigos que se conocen desde pequeños. Viven en el mismo barrio y son de ideas muy parecidas. Su salario anual es similar: $50.000 dólares al año. Están casados, su salud y peso son normales a excepción de esa "barriguita de la felicidad".

El amigo #1, a quien llamaremos Lorenzo, lleva una vida monótona y siempre hace lo mismo. Es feliz, o al menos, eso es lo que él cree, aunque hay veces que se queja de que todo es siempre igual.

El amigo #2, Santiago, introduce pequeños cambios positivos en su vida, a primera vista, intrascendentes. Todos los días, lee 10 páginas de un buen libro y, mientras se desplaza a su trabajo, escucha durante 30 minutos algo instructivo o inspirador. Santiago quiere incorporar cambios en su vida, pero de forma sutil. Recientemente, leyó una entrevista con el Dr. Mehmet Oz, en la revista *SUCCESS*, y decidió poner en práctica una idea del artículo: reducir 125 calorías de su dieta diaria. No es un gran cambio, supone una ración menos de cereales al día, beber agua con gas en lugar de un refresco o sustituir la mayonesa por la mostaza en su merienda. Todo ello es posible. También decide caminar más (alrededor de un kilómetro y medio al día). Esa tampoco es una gran hazaña. Sin embargo, Santiago se ha propuesto mantener sus propósitos, pues sabe que, aunque son sencillos, también puede verse bastante tentado a abandonarlos.

El amigo #3, Bruno, ha tomado algunas malas decisiones. Hace poco, compró una televisión de pantalla grande para pasar más tiempo viendo sus programas favoritos. Además, ha estado experimentando con recetas de canales de cocina y sus favoritas son las que llevan queso y todo lo que tenga que ver con postres. Fuera de eso, instaló un mueble bar en la sala de estar y añadió una bebida alcohólica a su dieta semanal. Para él, nada de esto es locura, pues solo quiere disfrutar un poco más de la vida.

Cinco meses después, todavía no hay diferencias visibles entre Lorenzo, Santiago y Bruno. Santiago sigue leyendo un poco cada noche y escuchando sus CDs durante su tiempo de desplazamiento de un lugar a otro. Bruno la está pasando bien y hace menos que antes. Lorenzo sigue haciendo lo mismo de siempre. Aunque cada uno tiene un comportamiento diferente, cinco meses no son suficientes para apreciar si su físico han mejorado o empeorado. De hecho, si hiciéramos una gráfica de su peso, veríamos que el error de redondeo arroja cero como resultado. En apariencia, los tres siguen igual.

Después de 10 meses, aún no podemos ver cambios evidentes en ellos. No es sino hasta finales del mes #18, cuando percibimos diferencias sutiles en la apariencia de los tres amigos.

En el mes #25, empezamos a ver diferencias apreciables y, al cabo del #27, la diferencia es ya muy evidente. A partir del mes #31, el cambio es asombroso. Ahora, Bruno está obeso, mientras que Santiago se ha estilizado. Al reducir 125 calorías diarias de su dieta durante 31 meses, Santiago ha perdido unos 15 kilos.

31 meses = 940 días
940 días x 125 calorías al día = 117.500 calorías
117.500 calorías divididas entre 7.833 por kilo = 15 kilos

Durante ese mismo tiempo, Bruno añadió tan sólo 125 calorías diarias a su dieta y engordó 15 kilos. Ahora, pesa 30 kilos más que Santiago. Sin embargo, las diferencias más significativas no tienen que ver con el peso. Santiago pasó casi 1.000 horas leyendo libros de calidad y escuchando grabaciones de autoayuda. Además, fue poniendo en práctica lo que iba aprendiendo y, de ese modo, consiguió un ascenso laboral, junto con un aumento de sueldo. Lo mejor de todo es que su matrimonio se ha fortalecido. Por su parte, Bruno no está contento en el trabajo y su vida de pareja se tambalea. En cuanto a Lorenzo, se encuentra casi en la misma situación que hace dos años y medio, pero aún más insatisfecho que antes.

La increíble eficacia del efecto compuesto es así de simple. La diferencia entre los que utilizan *El efecto compuesto* para mejorar y los que permiten que el mismo efecto se vuelva contra ellos es difícil de imaginar. Parece un milagro. Es como magia o como un acelerador de partículas. Pasados 31 meses (podrían ser 31 años), la persona que utiliza *El efecto compuesto* de forma positiva parece lograr el éxito "de la noche a la mañana". Sin embargo, ese no es más que el resultado de pequeñas decisiones inteligentes, tomadas de forma constante durante largo tiempo.

LA REACCIÓN EN CADENA

Los resultados del ejemplo anterior parecen espectaculares, soy consciente de ello. Pero aún es posible profundizar más. La realidad es que, incluso un cambio mínimo, puede ser importante y provocar una reacción en cadena inesperada e imprevista. Examinemos en detalle una de las malas costumbres de Bruno (la ingestión de comida grasosa con más frecuencia) para entender mejor cómo *El efecto compuesto* funciona también de forma negativa y va generando una reacción en cadena que afectará todos los aspectos de su vida.

Bruno decide preparar unas magdalenas con una receta que aprendió en un canal de cocina. Se siente orgulloso, su familia está encantada y este hecho le parece enriquecedor. Entonces, empieza a preparar magdalenas (y otros dulces) con más frecuencia. Le gusta lo que cocina y come más de lo que debería, pero no tanto como para que los demás se den cuenta. Como resultado, la porción extra de comida no lo deja dormir bien. Se despierta aturdido y está irritable. Su mal humor y su falta de sueño empiezan a tener efectos en su rendimiento laboral. Es menos productivo y a causa de ello su jefe le expresa su descontento, haciéndole comentarios desalentadores. Al final de la jornada, se siente insatisfecho con su trabajo y sin energía. El trayecto a casa le parece más largo y estresante que nunca. Como resultado, busca consuelo en la comida —el estrés tiende a tener este efecto.

Debido a esta carencia general de energía, Bruno pasea cada vez menos con su mujer, pues ya no le apetece caminar. Ella echa de menos el tiempo que pasaban juntos e interpreta su apatía como un rechazo hacia ella. Con esa falta de aire fresco, ejercicio y actividades compartidas con su mujer, Bruno ya no libera la misma cantidad de endorfinas que antes contribuían a su optimismo y entusiasmo. Además, como no se siente tan feliz como antes, se critica a sí mismo y a los demás, y deja de hacerle cumplidos a su mujer. Y a medida que su cuerpo va adquiriendo flacidez, se siente menos seguro de sí mismo, menos atractivo y se vuelve menos romántico.

Bruno no se da cuenta del efecto negativo que tiene en su mujer su falta de energía y cariño hacia ella. Él solo sabe que no se siente bien. Empieza a perder más tiempo viendo programas de televisión hasta altas horas de la noche, porque lo distraen bastante. Su mujer nota el distanciamiento entre los dos; primero, se queja; luego, exige su atención. Como esta estrategia no le funciona, se distancia emocionalmente para protegerse a sí misma. Se siente sola. Se entrega con toda su energía al trabajo y pasa más tiempo con sus amigas para satisfacer su necesidad de compañía. Algunos hombres coquetean con ella, lo cual la hace sentirse deseada otra vez. Ella nunca le sería infiel a su marido, pero Bruno presiente que algo no va bien. Y en lugar de reconocer que el origen de sus problemas está en *sus* decisiones desafortunadas y en su mal comportamiento, le echa la culpa a su mujer.

Creer que es el otro quien está equivocado en lugar de hacer un autoanálisis y hacer lo necesario para reparar el desorden causado es un tema de sicología para principiantes. Bruno no sabe cómo autoanalizarse. En sus programas favoritos, gastronómicos y policíacos no se tratan temas de autoayuda, ni se dan consejos sobre relaciones personales. Si se le hubiese ocurrido leer los libros de autoayuda que lee su amigo Santiago, tal vez, habría aprendido maneras de cambiar los malos hábitos.

Por desgracia para Bruno, las pequeñas decisiones que él fue tomando a diario provocaron una reacción en cadena que causó estragos en todos los aspectos de su vida. Por su parte, el recuento de calorías y la estimulación intelectual tuvieron el efecto contrario en Santiago, quien ahora recibe la recompensa de los resultados positivos. En su libro *The Slight Edge*, Jeff Olson (otro protegido de Jim Rohn) describe este fenómeno como la repetición de acciones rutinarias simples, ejecutadas a diario, *versus* los pequeños errores que se comenten a la hora de tomar decisiones.

Es así de sencillo. Con suficiente tiempo y constancia, el resultado se torna visible. Mejor aún, es 100% previsible.

El efecto compuesto se puede predecir e incluso medir.

¡Qué gran descubrimiento! ¿No te alivia saber que, con el simple hecho de dar unos pasitos constantes durante un tiempo conseguirás mejorar de forma radical tu vida? ¿No te parece esto más fácil que hacer toda una demostración de valentía y de fuerza heroica hasta caer rendido y verte obligado a dejar lo que estés haciendo para más tarde, cuando hayas recuperado la energía suficiente y además con muchas posibilidades de fracasar de nuevo? De solo pensarlo, ya estoy agotado. Pero eso es lo que hace la gente. La sociedad nos programa para creer que la demostración de un esfuerzo enorme es efectiva. ¡Y eso es muy americano! Observa la Figura 1.

31 meses = 940 días
940 días x 125 calorías al día = 117.500 calorías.
17.500 calorías divididas entre 7.833 por kilo = 15 kilos

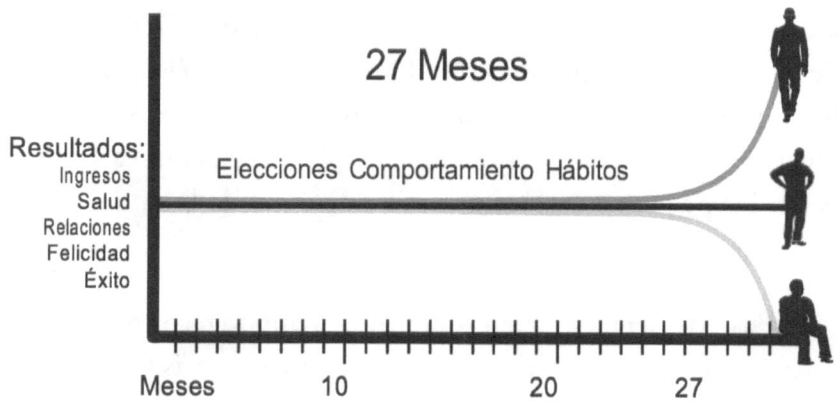

Figura 1

El atractivo del efecto compuesto reside en su simplicidad. Observa que, en la parte izquierda de la gráfica, los resultados son imperceptibles. Sin embargo, después, la diferencia entre ellos es sustancial. Los comportamientos son iguales todo el tiempo, pero al final, la magia del efecto compuesto irrumpe para crear enormes diferencias en los resultados.

ÉXITO: LA VIEJA ESCUELA

El mayor reto del efecto compuesto es que tenemos que esforzarnos durante un cierto tiempo, de forma constante y eficaz, antes de poder ver los beneficios. Nuestros abuelos lo sabían y no se pasaban las noches pegados al televisor, viendo los anuncios de teletienda sobre cómo conseguir unos muslos delgados en 30 días o un imperio inmobiliario en seis meses. Apuesto a que tus abuelos trabajaban seis días a la semana, desde el amanecer hasta el atardecer, poniendo en práctica las habilidades que aprendieron en su juventud y que siguieron utilizando durante el resto de su vida, pues ellos sabían que el secreto se encuentra en el esfuerzo, la disciplina y los buenos hábitos.

Es curioso constatar que la riqueza tiende a saltarse una generación. La abundancia extrema a menudo conduce a una actitud despreocupada, lo que favorece un tipo de vida sedentario. Los hijos de la gente rica son propensos a esto. No fueron ellos los que desarrollaron la disciplina y el carácter que creó la riqueza en primera instancia, por lo que es comprensible que no la valoren de la misma forma o que no sepan qué deben hacer para conservarla. Con frecuencia, vemos esta mentalidad de derechos adquiridos en los jóvenes de la realeza, en los hijos de las estrellas de cine o de directores ejecutivos y, en menor medida, en niños y adultos de cualquier lugar.

Como nación, parece que nuestra sociedad ya no aprecia el valor de una sólida ética laboral. En Estados Unidos, hemos tenido dos, si no tres generaciones de americanos que han conocido una gran prosperidad, riqueza y una vida acomodada. Los valores que realmente se necesitan para alcanzar el éxito duradero, como el coraje, el esfuerzo y la firmeza no nos resultan demasiado atractivos y, por consiguiente, nos hemos ido olvidando de ellos. Hemos perdido el respeto por todo lo que lucharon nuestros antepasados. Ese enorme esfuerzo que se impusieron les inculcó disciplina, formó su personalidad y alimentó su espíritu para enfrentarse a nuevos retos.

Lo cierto es que la autocomplacencia ha afectado a todos los grandes imperios, incluyendo a los egipcios, los griegos, los romanos, los españoles, los portugueses, los franceses y los británicos. Pero, ¿por qué? Porque nada fracasa más que el propio éxito. Imperios que dominaron, fracasaron por este motivo. El ser humano triunfa hasta llegar a un cierto nivel y luego se relaja.

Cuando disfrutamos de tiempos largos de prosperidad, salud y riqueza, nos sentimos satisfechos con nosotros mismos. Dejamos de hacer lo que nos sirvió para llegar hasta donde estamos. Somos como una rana sumergida en agua hirviendo, que no salta para liberarse, porque la temperatura aumenta de forma tan gradual y engañosa que ella no se da cuenta que la están cocinando.

Por lo tanto, si queremos triunfar, debemos recuperar la ética laboral de nuestros antepasados.

Es hora de restaurar nuestro carácter para tener éxito y alcanzar logros personales. No te creas el cuento del genio y la lámpara. Si lo deseas, puedes sentarte en el sofá, esperando a que tu buzón se llene de cuentas por pagar o frotar bolas de cristal, caminar sobre fuego, repetir afirmaciones como mantras, pero recuerda que la mayor parte de estas prácticas no son más que engaños comerciales que te manipulan, aprovechándose de tus debilidades. El éxito real y duradero requiere de esfuerzo, ¡y mucho!

Voy a contarte una breve historia para ilustrar el concepto de que "nada fracasa tanto como el propio éxito". Cerca de mi casa en la playa de San Diego abrieron un gran restaurante. Al principio, el establecimiento estaba siempre impecable, la anfitriona recibía a todo el mundo con una amplia sonrisa de bienvenida, el servicio era excelente (el encargado se aseguraba de que así fuera) y la comida era sensacional. En poco tiempo, la clientela hacía fila para comer allí y, a menudo, había que esperar más de una hora antes de sentarse a la mesa.

Por desgracia, el personal del restaurante no supo valorar el éxito. La anfitriona se volvió muy malhumorada, el servicio pasó a ser descuidado y descortés y la calidad de la comida bajó en gran medida. Como era de esperarse, el negocio cerró a los 18 meses. Su éxito fue el motivo de su fracaso. O mejor dicho, fracasaron, porque dejaron de hacer lo que les había ayudado a triunfar. En otras palabras, el éxito les nubló la perspectiva y se durmieron en los laureles.

MENTALIDAD DE MICROONDAS

Cuando entiendas el concepto del efecto compuesto te librarás de la idea de que los "resultados son instantáneos", de que el éxito es como ordenar comida rápida, como un par de gafas personales listas en una hora, como las fotos reveladas en 30 minutos, como el correo que llega de la noche a la mañana, como los huevos cocinados en un microondas, como el agua hirviendo en segundos o como enviar mensajes de texto. Ya basta de ejemplos, ¿cierto?

Prométete a ti mismo que vas a olvidarte de una vez por todas de tus esperanzas de ganarte la lotería, porque, admítelo, solo se habla de un ganador, pero, junto con él hay millones de perdedores. Esa misma persona que salta de alegría delante de una máquina tragamonedas en Las Vegas o en un hipódromo, ¿cuántas veces ha perdido antes? Si retomamos la posibilidad matemática de un resultado positivo, de nuevo, el error de redondeo es cero, es decir, la posibilidad de ganar es cero. El sicólogo de Harvard, Daniel Gilbert, autor de *Stumbling on Happiness,* afirma que, si a cada perdedor de la lotería se le asignaran 30 segundos en la tele para anunciar que no ganó, tardaríamos nueve años en verlos a todos y eso sería con respecto a un solo sorteo.

En cambio, cuando entiendas cómo funciona *El efecto compuesto*, no anhelarás más una solución rápida, ni una fórmula mágica. No te engañes, ese atleta de élite que ha conseguido tantos triunfos ha realizado ejercicios fuertísimos con bastante frencuencia y disciplina y le ha dedicado miles de horas a su entrenamiento. Además, siempre estuvo levantándose temprano a entrenar y siguió entrenando aun cuando los demás dejaron de hacerlo. Fuera de eso, ya se ha enfrentado varias veces al sufrimiento y a la frustración ante el fracaso, ha conocido la soledad, el esfuerzo arduo y la decepción, y todo esto, antes de convertirse en el #1.

Cuando llegues al final de esta lectura, o incluso antes, quiero que te quede muy claro que el único camino hacia el éxito es la práctica continua de una serie de actividades diarias, de rutinas nada atractivas, ni emocionantes; a veces, difíciles, acumuladas durante cierto tiempo. Además, debes saber que los resultados que añoras y el estilo de vida de tus sueños están a tu alcance cuando pones en práctica *El efecto compuesto*. Si utilizas los principios descritos a lo largo de estas páginas, tú mismo construirás tu propio final feliz, como en los cuentos de hadas. Observa la Figura 2.

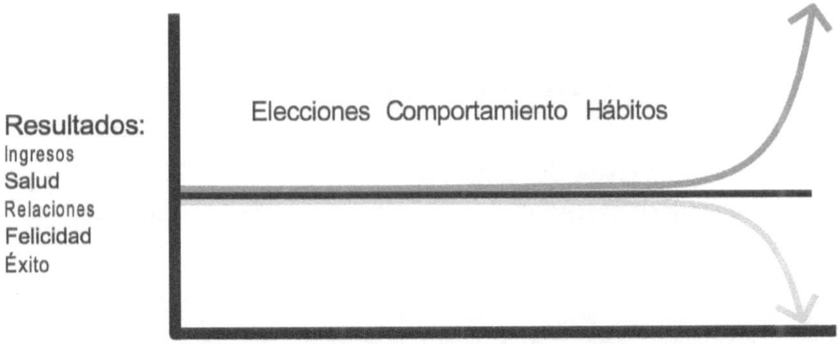

Resultados:
Ingresos
Salud
Relaciones
Felicidad
Éxito

Elecciones Comportamiento Hábitos

Figura 2

El efecto compuesto siempre está funcionando. Está en ti decidir que funcione a tu favor o ignorarlo y sufrir consecuencias negativas. No importa dónde te encuentres ahora en esta gráfica. A partir de hoy mismo, comienza a introducir pequeños cambios positivos en tu vida y deja que *El efecto compuesto* te lleve hacia donde deseas llegar.

¿Te ha quedado claro? Estupendo. Pasemos al siguiente capítulo, donde nos centraremos en todo aquello que controla tu vida. Cada victoria o derrota, triunfo o fracaso dependen de eso. Es la causa de todo lo que tienes o no tienes ahora mismo. Aprende a cambiarlo y transformarás u vida. Descubramos de qué se trata.

Resumen de las acciones por practicar

- Escribe la lista de excusas a las que te aferras (p.ej. No soy suficientemente inteligente, no tengo experiencia, no me educaron bien, no tengo estudios, etc.). Decide compensarlas con esfuerzo y trabajar en tu desarrollo personal a tal punto que te sientas preparado para superar a cualquiera (incluido a tu antiguo 'yo').

- Sé como Santiago: escribe los seis pasos que vas a poner en práctica todos los días, esas acciones sencillas que te ayuden a cambiar el rumbo de tu vida hacia metas nuevas y positivas.

- No seas como Bruno: escribe acciones que parecieran no ser importantes y que deberías dejar de realizar, pues están acumulando efectos negativos en tu vida.

- Escribe una lista de ámbitos, habilidades o resultados en los que te hayas destacado en el pasado. Analiza si no estás dando por hecho que tienes esas capacidades, pero no estás haciendo nada por mejorarlas, con lo cual corres el peligro de caer en esa autocomplacencia que, al final, conduce al fracaso.

CAPÍTULO 2

ELECCIONES

Todos somos iguales cuando nacemos: llegamos al mundo desnudos, asustados e ignorantes. Tras una entrada triunfal, la vida de cada uno acaba siendo el resultado de sus elecciones. Ellas son a la vez nuestro mejor amigo y el peor enemigo. Pueden conducirnos a las metas deseadas o desviarnos hasta la órbita de una lejana galaxia.

Piénsalo. Todo lo que hay en tu vida existe, porque, primero, tomaste una decisión acerca de algo. Es decir, el origen de cada resultado obtenido se remonta a una elección. Cada decisión desencadena un comportamiento que, con el tiempo, se convierte en una costumbre. Así las cosas, una mala elección suele resultar en tener que volver a empezar y a verte forzado a elegir de nuevo y, casi siempre, es más difícil que antes hacer esa elección. Y si no eliges en absoluto, entonces, estás eligiendo ser un receptor pasivo de lo que surja en tu camino.

En esencia, cuando elegimos, nuestras elecciones nos definen. Cada decisión que tomamos, por muy simple que parezca, cambia la trayectoria de nuestra vida: seguir o no nuestros estudios superiores, la persona con quién nos casamos, tomar esa última copa antes de conducir nuestro auto, contribuir al chismorreo o permanecer callados, realizar otra llamada a un cliente potencial o dejar así por hoy, decir o no decir "te quiero". Cada elección influye en *El efecto compuesto* de nuestra vida.

Este capítulo trata sobre cómo tomar conciencia de las elecciones que sustentan el desarrollo de tu vida. Parece complicado, pero te sorprenderá lo sencillo que es. El 99% de tus elecciones ya no se realizará de forma inconsciente. La mayoría de tus tareas rutinarias y cotidianas dejarán de ser meras reacciones mecánicas. Te preguntarás, (y obtendrás una respuesta): ¿cuántas veces mi comportamiento no es el que yo he decidido? ¿Qué cosas hago sin haberlas elegido conscientemente y aún continúo haciéndolas todos los días?

Si utilizas los mismos métodos a prueba de tontos que he utilizado yo para impulsar mi vida y mi carrera profesional, reforzados por *El efecto compuesto*, lograrás minimizar ese misterioso control que parecen ejercer en tu vida los acontecimientos que te suceden y que te arrastran en la dirección equivocada. Aprenderás a pulsar el botón de pausa antes de entrar a tropezones en ese territorio de descerebrados. Sentirás la facilidad con la cual tomas decisiones que te conducen a comportamientos y hábitos que te respalden en todo momento.

Tu mayor error no es haber hecho malas elecciones de manera intencional. ¡Ni hablar! Eso sería fácil de arreglar. Tu mayor equivocación ha sido elegir como lo haría un sonámbulo. La mitad de las veces, ni siquiera eres consciente de estar eligiendo un camino. Muchas de nuestras elecciones suelen estar determinadas por nuestra cultura y nuestro nivel de educación. Suelen estar tan estrechamente vinculadas a nuestros comportamiento y hábitos cotidianos que parecen escapar a nuestro control.

Por ejemplo, ¿te ha ocurrido alguna vez eso de estar disfrutando de tus cosas y de la vida tranquilamente cuando, de repente, una decisión estúpida o varias pequeñas malas elecciones destruyen tu arduo trabajo, tu buen momento y todo sin razón aparente? Tu intención no era destruirte a ti mismo, pero al tomar decisiones sin pensar, sin sopesar los riesgos y resultados posibles, te encontraste frente a consecuencias inesperadas. Nadie quiere ser obeso, acabar en la bancarrota o divorciarse, pero a menudo, o casi siempre, estas consecuencias son el resultado de una serie de pequeñas decisiones desafortunadas.

LOS ELEFANTES NO PICAN

¿Te ha picado alguna vez un elefante? ¿Y un mosquito? Son las insignificancias de la vida las que pueden dañarnos. Alguna que otra vez, presenciamos grandes errores que amenazan con destruir en un instante la carrera profesional o la reputación de una persona: un conocido humorista que suelta una diatriba de comentarios racistas en una de sus actuaciones; el personaje que va de humanitario y que, con una copa de más, manifiesta su antisemitismo; el senador en contra de los derechos de los homosexuales al que pillan en un urinario público buscando sexo con hombres; la admirada tenista que, de un momento a otro, decide amenazar a un juez de línea con una sarta de palabrotas. Claramente, estos comportamientos son fruto de elecciones desafortunadas con repercusiones serias. Incluso si tú cometiste un error garrafal en el pasado, lo que nos interesa ahora no es el enorme retroceso que este representa, ni tampoco ese dramático momento puntual.

Para la mayoría de nosotros, son las pequeñas elecciones frecuentes y que parecen insignificantes las que deben preocuparnos seriamente. Me refiero a esas decisiones que creemos que no cuentan. Son las nimiedades las que, de forma inevitable y previsible, nos desvían del éxito. Tanto si se trata de tácticas estúpidas, comportamientos despreocupados o acciones disfrazadas de decisiones positivas (quizá, las más perniciosas), estas elecciones, al parecer sin importancia, son las que terminan desviándonos por completo del camino, porque no nos detenemos a pensar en ellas. Entonces, nos sentimos abrumados, desorientados y no somos conscientes de todas esas pequeñas acciones que nos desvían de nuestras metas. *El efecto compuesto* funciona, no hay duda. Siempre funciona, ¿recuerdas? Pero en este caso, funciona en nuestra contra, porque lo que hacemos es… caminar como sonámbulos.

Por ejemplo, acabas de ingerir a toda prisa un refresco y un paquete de papas fritas y, de repente, justo cuando te has comido la última papa, caes en cuenta que acabas de estropear todo un día de dieta sana y que, fuera de eso, ni siquiera tenías hambre; o te encuentras absorto en tus pensamientos y pasas dos horas viendo televisión basura (rectifiquemos, no le quitemos mérito al programa y digamos que estabas viendo un documental muy ilustrativo) y te acuerdas de que deberías estar preparando una presentación muy importante para conseguir un preciado cliente; o le mientes a un ser querido sin motivo alguno, cuando era mejor haberle dicho la verdad ¿Qué es lo que está pasando?

Pues bueno, lo que está pasando es que te estás permitiendo elegir sin pensar. Así, mientras sigas tomando decisiones de manera involuntaria, no podrás elegir conscientemente cambiar ese comportamiento tan ineficaz para convertirlo en hábitos productivos. Por lo tanto, es hora de DESPERTAR y de tomar decisiones que te den más control sobre tu vida.

NAVIDAD DURANTE TODO EL AÑO

Es muy cómodo echarles la culpa a los demás, ¿verdad? "No progreso, porque mi jefe es un apático", "Habría conseguido el ascenso si mi compañero no me hubiera dado una puñalada traidora", "Estoy siempre de mal humor, porque mis hijos me vuelven loco". Y, sobre todo, tenemos un talento especial para echarle la culpa a nuestra pareja en cuanto pisamos el terreno del amor, ya sabes, donde siempre es el "otro" el que debe cambiar.

Hace unos años, uno de mis amigos se quejaba de su mujer. Desde mi punto de vista, ella era una esposa estupenda y mi amigo era un hombre afortunado de tenerla. Así que se lo dije, pero él seguía insistiendo en que ella era la responsable de su infelicidad. En ese momento, compartí con él una experiencia que cambió mi matrimonio. Un año, por la época de Navidad, decidí empezar a escribir un diario para mi mujer. Todos los días, durante un año entero, anotaba, al menos, una cualidad suya que yo valorara: su forma de relacionarse con sus amigos, el cuidado que les daba a los perros, lo bien tendida que dejaba la cama, la deliciosa comida que preparaba de improviso, el peinado tan bonito que llevara ese día... lo que fuera. Buscaba las cosas que mi mujer hacía y que me enternecían o que revelaran atributos, características o cualidades que yo valorara en ella. Anoté todo esto en secreto durante un año entero y, al cabo de 12 meses, había llenado todo el cuaderno.

Cuando se lo entregué en la Navidad del año siguiente, mi esposa se puso a llorar. Me dijo que aquel era el mejor regalo que había recibido en su vida, incluso mejor que el BMW que le regalé de cumpleaños. Lo curioso fue que aquel regalo me afectó a mí todavía más que a ella. Mantener el diario cada día me obligó a centrarme en los aspectos positivos de mi mujer, puesto que estuve buscando de forma consciente todo lo que ella hacía bien. Esta atención tan sincera en sus aspectos positivos me hizo pasar por alto otras cosas de las que, en otras circunstancias, me hubiera quejado. Como resultado, me enamoré perdidamente de ella otra vez, incluso más que antes, pues ahora veía las sutilezas de su carácter y comportamiento en lugar de sus cualidades más obvias. Mi aprecio, mi gratitud y mi intención de buscar lo mejor que había en ella eran lo que guiaban mis ojos y mi corazón cada día. Esto me motivó a ser un marido diferente, lo cual estimuló en ella una reacción distinta hacia mí. Se me volvió fácil descubrir más y más cosas para anotar en el diario de Navidad. El resultado de haber elegido esos escasos cinco minutos al día para documentar los motivos por los que le estaba agradecido a mi mujer fue que tuvimos uno de los mejores años de nuestro matrimonio y, desde entonces, nuestra relación no ha dejado de mejorar.

Después de compartirle mi experiencia, mi amigo decidió empezar un diario de Navidad sobre su mujer y, en unos pocos meses, su matrimonio cambió por completo. La decisión de buscar y centrarse en las cualidades positivas de su esposa cambió la imagen que él tenía de ella y también su relación mutua. A su vez, ella reaccionó ante esos cambios, haciendo elecciones diferentes hacia él. El ciclo se perpetuó —o digamos que se *acumuló*.

> Utiliza la hoja Evaluación de gratitud que se encuentra
> al final del libro para reafirmar tu actitud positiva.

RESPONSABILIDAD AL 100 %

Todos hemos llegado donde estamos por nosotros mismos, tanto hombres como mujeres, pero solo quienes triunfan se llevan el mérito. Cuando tenía 18 años, asistí a un seminario donde me introdujeron a la noción de responsabilidad personal, la cual transformó mi vida por completo. Si decidieras tirar a la basura el resto del libro y practicar solo este principio, me atrevería a asegurarte que, en dos o tres años, los cambios en tu vida serían tan palpables que tu familia y tus amigos apenas sí podrían recordar tu antiguo "yo". En aquel seminario, el ponente nos preguntó: "¿Qué porcentaje de responsabilidad compartida es necesario para que una relación funcione?". En ese tiempo, yo era un adolescente, es decir, un experto en asuntos relacionados con el amor verdadero. Así que sabía todas las respuestas.

Entonces, dije: "50/50". Una respuesta apenas obvia, ya que ambas partes deben estar dispuestas a compartir la responsabilidad equitativamente. Si no es así, a una de ellas la están timando.

Otro gritó: "51/49". Su razonamiento consistió en que debes estar dispuesto a dar más que la otra persona. ¿Acaso no son el sacrificio y la generosidad los cimientos de una relación?

"80/20", propuso otro.

Habiendo escuchado estas respuestas, el profesor se volvió hacia la pizarra y escribió en números negros bien grandes: 100/0. Luego, dijo: "Tienen que estar dispuestos a dar el 100% sin esperar nada a cambio". Y añadió: "Una relación funcionará solo cuando estemos dispuestos a asumir el 100% de la responsabilidad para que así sea. Las relaciones que se dejan al azar están siempre expuestas al desastre".

¡Vaya con la respuesta! ¡No era lo que yo esperaba escuchar! Sin embargo, comprendí de inmediato que este concepto transformaría todos los aspectos de mi vida. Si asumía siempre el 100% de la responsabilidad en todo lo que me pasaba, siendo dueño absoluto de mis elecciones y de la forma de reaccionar ante todo lo que me sucediera, tendría el poder en mis manos. Todo dependía de mí. Yo sería el directo responsable de todo lo que hiciera o no hiciera y de la forma de responder ante lo que otros me hicieran.

Uno cree que asume responsabilidades en su vida. Todavía no he encontrado a nadie que diga lo contrario. Sin embargo, cuando te fijas en cómo actúa la gente, descubres que, muchas veces, las personas van de víctimas, culpan a los demás y esperan que el gobierno o quienes las rodean les resuelvan sus problemas. Si alguna vez has culpado al tráfico de un retraso o le has atribuido tu mal humor a una acción de tu hijo, pareja o colega de trabajo, lo que esto quiere decir es que no estás asumiendo tu responsabilidad personal al 100%. ¿Llegaste tarde porque había cola en la impresora? ¿Por qué esperaste hasta el último momento para imprimir? ¿Tu compañero desordenó la presentación? ¿Por qué no la revisaste tú mismo antes de exponerla? ¿Hay fricción con ese hijo adolescente en edad difícil? Existen un montón de libros y cursos excelentes para informarte y saber cómo tratar la situación.

Nosotros mismos somos los únicos responsables de lo que hacemos o no hacemos y de la manera en que afrontamos lo que nos ocurre. Esta forma de pensar revolucionó mi vida. La suerte, las circunstancias o una situación favorable no eran lo que importaba. Si tenía que suceder algo, sería porque yo así lo había decidido. Podía hacer lo que quisiera. Yo tenía el control de mí mismo al 100%, independiente del presidente que saliera elegido, del mal estado de la economía o de lo que otros dijeran, hicieran o no hicieran. Cuando decidí liberarme oficialmente de la victimización pasada, presente y futura fue como si me hubiera ganado el premio mayor de la lotería. Conseguí un poder sin límites para controlar mi destino.

TENER SUERTE

Quizá, creas que no tienes suerte. Pues bien, te diré que, en realidad, esta no es más que otra excusa. La diferencia entre riqueza extrema, felicidad y salud frente a penuria, depresión y enfermedad se basa en las decisiones que tomamos a lo largo de nuestra vida. No hay nada que influya más que eso. Hablemos de la suerte: todos la tenemos. Ante una adversidad, si tenemos salud y comida en la despensa, podemos considerarnos bastante afortunados. Todo el mundo tiene la oportunidad de tener "suerte", porque aparte de tener salud y un sustento básico, el resto se reduce a una serie de elecciones personales.

Cuando le pregunté a Richard Branson (el magnate inglés, dueño de la marca Virgin) si creía que su éxito se debía a la suerte, él me respondió: "Sí, claro, todos tenemos suerte. Si vives en un país libre, tienes suerte. La suerte nos ronda todos los días. Constantemente, nos suceden cosas afortunadas, aunque no nos demos cuenta. Yo no he tenido más, ni menos suerte que otra persona. La diferencia reside en la forma en que la aproveché cuando esta se puso de mi lado".

¡Ah! ¡Qué palabras más sabias! Mientras seguimos con el tema de la suerte, debo decir que, en mi opinión, la conocida frase de que "la suerte llega cuando preparación y oportunidad se encuentran" no es suficiente. Yo creo que "la suerte" tiene otros dos componentes decisivos.

Fórmula (completa) para tener suerte:

Preparación (desarrollo personal) +
Actitud (creencia/modo de pensar) +
Oportunidad (situación favorable que se presenta en tu vida) +
Acción (Intervenir en esa situación) =
Suerte

Preparación. Mediante un desarrollo personal sistemático —habilidades, conocimientos, competencia, relaciones y recursos— tendrás a tu disposición los medios para aprovechar las grandes oportunidades cuando estas surjan (es decir, cuando se presente "el golpe" de suerte). Entonces, dirás lo mismo que Arnold Palmer durante una entrevista para la revista *SUCCESS*: "Es curioso, cuanto más practico, más suerte tengo".

Actitud. Es aquí donde la suerte suele eludir a la mayor parte de las personas y donde Sir Richard está totalmente en lo cierto al decir que la suerte siempre nos rodea. Es cuestión de ver ciertas situaciones, conversaciones y circunstancias como fortuitas. No se puede ver lo que no se busca y no se busca aquello en lo que no se cree.

Oportunidad. Tú puedes crear tu propia suerte, pero la suerte a la que me refiero aquí no está programada, ni se presenta con más rapidez, ni de manera diferente a la esperada. En esta fase de la fórmula, la suerte no llega forzada, sino que sucede como un acontecimiento natural y, por lo general, aparece por impulso propio.

Acción. Aquí es donde te corresponde intervenir. Sea de dónde sea que te venga esa suerte (del universo, de Dios, de amuletos o de cualquier persona u objeto que tú asocies con la suerte), ahora, es el momento de actuar. Esa es la diferencia entre Richard Branson y José Arona. ¿José qué? ¡Exacto! Nunca has oído hablar de él, porque esta persona nunca actuó cuando se le presentó una situación favorable.

Por lo tanto, deja de quejarte de tu situación, de los fracasos sufridos y de otras circunstancias. Muchísimas personas se enfrentan a obstáculos y desventajas mayores y, aun así, consiguen ser ricas y sentirse realizadas. La suerte distribuye igualdad de oportunidades y le sonríe a todo el mundo. En lugar de esconderte de ella, debes ponerte a su alcance. Cuando nos llega una oportunidad, el resto depende de nosotros, no hay otra opción.

EL ELEVADO PRECIO DEL APRENDIZAJE EN LA ESCUELA DE LA VIDA

Hace 10 años, más o menos, me pidieron ser socio de una empresa que estaba empezando. De modo que invertí una suma considerable en el negocio y trabajé sin descanso durante casi dos años, hasta que me enteré de que mi socio había derrochado y administrado pésimamente el dinero. Perdí más de $330.000 dólares. No lo demandé, de hecho, después de eso, le presté más dinero para un asunto personal. La cuestión es que la pérdida del dinero fue culpa mía, pues acepté ser su socio sin informarme antes acerca de su pasado y su personalidad. Durante el tiempo que fuimos socios, yo nunca inspeccioné aquello que temía que no andaba funcionando como debería. Podría justificarme diciendo que me fiaba de él, pero la realidad es que me sentí culpable por haber sido perezoso y no haber examinado las cuentas con más cuidado. Además, cuando decidí iniciar esta relación comercial, también decidí ignorar varias señales de alarma que resultaban evidentes. De modo que yo también fui responsable del resultado final, pues, desde el comienzo, elegí no estar 100% al frente de la empresa. Cuando me enteré de todo lo que mi socio había hecho, decidí no perder más tiempo peleando con él. Más bien, recibí el golpe, aprendí la lección y continué con mi vida. En retrospectiva, si volviera a tomar esa misma decisión, sería solo para caerme, levantarme de nuevo y continuar.

Te reto a que hagas lo mismo. Asume la responsabilidad total de todo lo que te ocurra, ya sea bueno o malo, triunfo o fracaso. Admítela. Mi mentor Jim Rohn decía: "Cuando asumes toda la responsabilidad de tus actos es cuando dejas de ser un niño y te conviertes en un adulto".

Por consiguiente, ¡hoy, has dejado de ser un niño! De ahora en adelante, elige ser responsable de tu vida al 100%. Olvida las excusas. Acepta que tus decisiones te hacen ser más libre, siempre y cuando asumas la responsabilidad de haberlas tomado.

EL ARMA SECRETA: TU CUADRO DE RESULTADOS

Ahora, voy a presentarte uno de los mejores métodos que he utilizado en mi desarrollo personal. Esta estrategia me ayuda a mantener el control sobre las decisiones que tomo durante el día, logrando que todo lo demás encaje. Esto hace que las acciones y comportamientos que guían mis costumbres se pongan en fila como leales subordinados, conscientes de su deber.

Entonces, es tu turno de elegir un aspecto de tu vida en el que desees triunfar. ¿Quieres aumentar tu cuenta bancaria? ¿Adelgazar?

Para ayudarte a ser consciente de tus decisiones, quiero que anotes todas las acciones relacionadas con ese aspecto específico de tu vida que anhelas mejorar. Si se trata de saldar deudas, anota cada céntimo que gastes. Si tu meta es adelgazar, anota todo lo que comas. Si tu objetivo es entrenarte para un evento de atletismo, anota cada paso que des, cada sesión de ejercicios que hagas. Es decir, lleva siempre contigo un bolígrafo y una pequeña libreta de bolsillo. Tendrás que escribirlo todo, día tras día, sin excusas, ni excepciones, como si estuvieras en Gran Hermano. Como si mi padre y yo fuéramos a castigarte con 100 flexiones cada vez que no lo hagas. Ya sé que anotar cosas en un papelito no parece gran cosa.

Sin embargo, una de las claves del éxito que he acumulado fue anotar cada avance y cada equivocación. El proceso te obliga a ser consciente de tus decisiones. Como diría Jim Rohn: "Lo que es fácil de hacer es también fácil de no hacer". El truco no está en la complejidad de la tarea, sino en repetirla el tiempo suficiente para que aparezca el milagro del efecto compuesto. Cuidado con ignorar las cosas sencillas que hacen posible los grandes logros. La diferencia entre las personas que triunfan y las que fracasan es que las primeras están dispuestas a hacer lo que las segundas no quieren hacer. Recuérdalo, porque te será de gran utilidad en la vida cuando te enfrentes a una elección difícil y tediosa.

LA TRAMPA DEL DINERO

Aprendí la importancia de anotarlo todo cuando cometí errores descomunales en mis finanzas. Cuando tenía veintipocos años y estaba amasando una fortuna con la venta inmobiliaria, fui a ver a mi contador.

Me dijo: "Debes más de $100.000 dólares de impuestos".

"¿Qué?", le respondí. "No tengo tanto dinero en efectivo".

"¿Cómo que no?", me dijo él sorprendido. "Cobraste esa cantidad varias veces, seguro que apartaste algo para los impuestos".

"Es obvio que no", le contesté.

"¿Y en qué te lo gastaste?".

"No tengo ni idea". Esta confesión fue aleccionadora, desde luego. El dinero se me había escurrido entre las manos y ni siquiera me había dado cuenta.

Entonces, mi contador me hizo un favor enorme. Se quedó mirándome fijamente y me dijo: "Hijo, tienes que controlarte. Ya he visto esto cientos de veces. Estás gastando dinero como si creciera en los árboles y ni siquiera sabes en qué. Eso es ser idiota. Detente. Estás endeudado hasta las cejas. Tienes que ganar más dinero que la deuda de impuestos adicionales y eso solo para pagar los impuestos atrasados. Si sigues así, cavarás tu propia tumba financiera".

Lo entendí al instante. Luego, me pidió que hiciera lo siguiente: durante 30 días, llevaría una libretita en el bolsillo para anotar cada céntimo que gastara. Todo gasto tenía que quedar registrado en la libreta, tanto si eran $1.000 dólares para un traje nuevo como si eran $0,50 centavos para poner aire en las ruedas. Este ejercicio logró de forma instantánea que me hiciera consciente de muchas decisiones tomadas a la ligera, por las cuales el dinero se me iba de las manos. Como tenía que anotarlo todo llegué a dejar de comprar ciertas cosas, solo por no sacar la maldita libreta y tener que escribirlo.

Registrar mis gastos así durante 30 días despertó en mí una nueva conciencia y generó una serie de elecciones y disciplinas completamente nuevas para controlar mis gastos. Como la conciencia y el comportamiento positivo se acumulan, me volví más competente: comencé a reservar dinero para mi jubilación, descubrí el ahorro en ámbitos donde antes despilfarraba y aprendí a disfrutar del dinero que me sobraba incluso más que antes. Eso sí, cuando por fin me decidía a darme un gusto era porque hacía tiempo que no lo hacía.

Este ejercicio cambió la percepción de mi relación con el dinero. Funcionó tan bien que lo he aplicado para cambiar otros comportamientos. La anotación es el modelo de transformación para todo lo que me aqueja. A lo largo de los años, he anotado lo que como y bebo, la cantidad de ejercicio que hago, el tiempo que paso perfeccionando una habilidad, el número de llamadas de ventas, incluso la evolución de la relación con mi familia, mis amigos y mi esposa. Como consecuencia, los resultados no han sido menos profundos que los obtenidos al anotar mis gastos.

Al comprar este libro, me estás pagando por darte mi opinión y mis consejos. En este sentido, voy a ser muy exigente e insisto en que anotes tu comportamiento durante, al menos, una semana. Este libro no está pensado para entretenerte, sino para ayudarte a conseguir resultados. Y para lograrlos, tienes que actuar.

Es muy probable que ya antes te hayan hablado de esta técnica de anotación. De hecho, es casi seguro que alguna vez habrás puesto en práctica tu propia versión de este ejercicio. Pero apuesto a que, ahora mismo, no lo estás haciendo, ¿me equivoco? ¿Y por qué lo sé? *Porque tu vida no está siendo todo lo exitosa que tú desearías que fuera.* Has estado desviándote del camino y te aseguro que anotar es la técnica que necesitas para volver a encarrilar tu vida.

¿Sabes cómo ganan tanto dinero los casinos de Las Vegas? Porque siempre están controlando las mesas y a los ganadores. ¿Por qué los entrenadores olímpicos ganan un sueldo millonario? Porque ellos controlan cada sesión de entrenamiento, cada caloría y cada micro nutriente de los atletas que tienen a su cargo. Los ganadores lo controlan todo. Así que quiero que, en este momento, anotes tu vida con el mismo propósito: acercarte a tus metas y hacerlas visibles.

La técnica de anotación es un ejercicio muy sencillo. Funciona, porque te hace tomar conciencia momento a momento de las acciones que realizas en el aspecto de tu vida que deseas mejorar. Te sorprenderás de lo que descubrirás en tu propio comportamiento. No puedes controlar o mejorar algo si primero no lo mides. De igual manera, no puedes sacar lo mejor de ti mismo (talentos, recursos y aptitudes) si antes no eres consciente y responsable de tus acciones. Los atletas profesionales y sus entrenadores controlan el rendimiento hasta el mínimo detalle. Los lanzadores de béisbol conocen las estadísticas de cada uno de sus lanzamientos. Los golfistas disponen de números aún más precisos en sus golpes. Los atletas profesionales saben cómo ajustar su rendimiento, basándose en lo que han anotado. Les prestan atención a sus registros e introducen los cambios necesarios, puesto que saben que, si sus estadísticas mejoran, ganarán más y conseguirán más dinero con contratos para anunciar productos.

Quiero que sepas con exactitud si lo estás haciendo bien en todo momento y que te controles como si fueras un producto preciado. En realidad, lo eres. ¿Quieres ese sistema tan simple del que hablamos antes? Es este. Por consiguiente, tanto si piensas que eres consciente de tus hábitos como si no lo eres (créeme, no lo eres), te pido que empieces a anotar. Revolucionarás tu vida y tu forma de vivir.

DESPACITO Y CON BUENA LETRA

¡Calma! Vamos a empezar con un ritmo alegre, pero tranquilo. Anotaremos una costumbre durante una semana. Escoge la que ejerza más control sobre ti y ese será tu punto de partida. Cuando empieces a disfrutar de las ventajas del efecto compuesto, tú mismo querrás introducir esta práctica en otros aspectos de tu vida. En otras palabras, tu elección será elegir la técnica de la anotación.

Imaginemos que la categoría que has elegido es controlar lo que comes, debido a que quieres adelgazar. Tu tarea será anotar todo lo que te lleves a la boca: el filete, las patatas, la ensalada de la comida y todo lo que piques durante el día: los saladitos de la oficina, el queso extra de alguna merienda, las golosinas, la degustación del supermercado, los sorbos extra de vino cuando el anfitrión te rellenó la copa. No te olvides de las bebidas. Todo cuenta, pero si no lo anotas, es fácil olvidarlo o pasarlo por alto, ya que parecen pequeñeces. Escribir estas cosas parece sencillo, y lo es, PERO SOLO CUANDO LAS HACES. Por eso, insisto en que, antes de pasar esta página, te comprometas a elegir ahora mismo una categoría y una fecha para empezar.

Voy a empezar a anotar _____ **el** _____.

[día/mes/año]

¿Cómo será la anotación? Será meticulosa en el sentido de organizada. Incesante en el sentido de constante. Cada día, escribirás la fecha al principio de la página y empezará tus anotaciones. ¿Qué ocurrirá después de una semana de hacerlas? Lo más probable será que te llevarás una gran impresión. Te asombrarás de la cantidad de calorías, dinero y tiempo que te pasan inadvertidos. No tenías ni idea de que existían, ni mucho menos de que desaparecieron.

Sigue así, continúa anotando ese mismo aspecto de tu vida durante tres semanas. Quizá, ya estás refunfuñando, porque no quieres hacerlo. Pero confía en mí, te sorprenderás tanto con los resultados que obtendrás después de tan solo una semana que querrás continuar haciendo ese mismo ejercicio durante otras dos más. Casi puedo garantizártelo.

¿Y por qué tres semanas? Los sicólogos afirman que las costumbres necesitan tres semanas de práctica para establecerse como tales. No es una ciencia exacta, pero es un punto de referencia y me ha funcionado muy bien. Por lo tanto, quiero que sigas con las anotaciones de tus comportamientos en el ámbito elegido durante 21 días. Si te niegas a hacerlo, yo no pierdo nada. Al fin y al cabo, no se trata de mi peso, ni de mi salud cardiovascular, ni de mi saldo bancario, ni de mis relaciones personales. Pero, si estás leyendo este libro, es porque quieres cambiar tu vida, ¿no? Yo te advertí que iba a suponer un esfuerzo constante y monótono de tu parte, ¿verdad? Esta tarea no es fácil, pero es factible de realizar, así que hazla.

Proponte empezar hoy mismo. Durante las próximas tres semanas, lleva contigo una libreta pequeña (o una grande, si te resulta más tentador) y escribe en ella todo lo relacionado con la categoría que hayas elegido.

¿Qué ocurrirá dentro de tres semanas? De la impresión inicial tras la primera semana pasarás a una grata sorpresa al ver cómo, al tomar conciencia de tus acciones, empiezas a moldearlas.

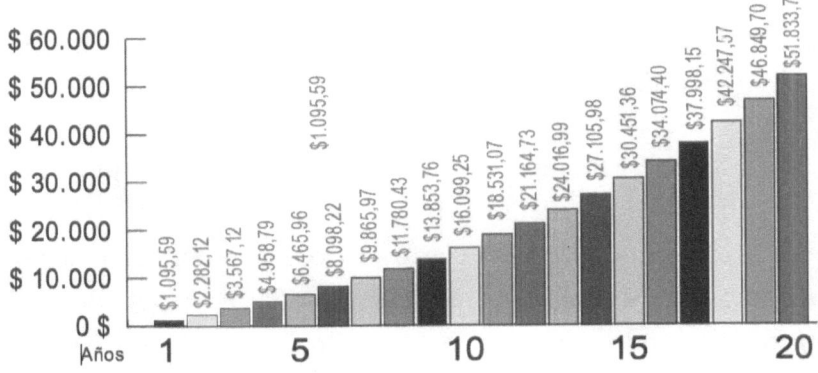

Figura 3

Después de 20 años, el hábito diario de un café de
$4 dólares supone un coste real de $51.833,79 dólares.
Este es el poder del efecto compuesto.

Entonces, te plantearás preguntas como: "¿Realmente quiero esa chocolatina? Voy a tener que sacar la libreta y escribirlo y me va a dar vergüenza". En ese instante, habrás evitado ingerir más de 200 calorías. Y si rechazas la chocolatina todos los días, en poco más de dos semanas, habrás perdido casi medio kilo de peso. Empezarás a sumar los $4 dólares que te gastas en el café de camino al trabajo y te darás cuenta de que gastas $60 dólares en cafés en tres semanas, lo cual supone unos $1.000 dólares al año que, acumulados en 20 años, serán $51.833,79 dólares. ¿En verdad, necesitas comprar ese café? Observa la Figura 3.

Ahora, recapitulemos. ¿Te estoy diciendo que un café de $4 dólares va a suponerte un gasto de $52.883,79 dólares en un período de 20 años? Sí, eso es lo que te estoy diciendo. ¿Sabías que cada dólar que gastas hoy, sin importar en qué, te cuesta el equivalente a $5 dólares en 20 años (y a $10 dólares en 30 años)? La explicación es que, si tomamos $1 dólar y lo invertimos al 8%, en 20 años, ese dólar valdrá casi $5. Cada dólar gastado hoy es como gastar $5 de tu futuro bolsillo.

Solía cometer el error de mirar las etiquetas de los precios y pensar que, si un artículo marcaba un precio de $50 dólares, me costaba $50 dólares. En cierto modo, sí, en dólares actuales. Sin embargo, si analizo el posible valor de esos $50 dólares, invertidos durante 20 años, el coste (lo que perdemos cuando gastamos dinero en lugar de invertirlo) es cuatro o cinco veces mayor. Dicho de otro modo, cada vez que un artículo nos cuesta $50 dólares tenemos que pensar: "¿Esto vale $250 dólares?". Si para ti el valor del artículo es de $250 dólares de hoy, merece la pena comprarlo. Recuerda hacer este razonamiento cada vez que vayas a grandes almacenes, donde se encuentran todo tipo de artículos asombrosos que tú no sabías que necesitabas. Entras para comprar productos básicos que no valen más de $25 dólares y sales con compras por un total de $400. Mi garaje parece el trastero de uno de esos establecimientos. Por lo tanto, la próxima vez que vayas a las tiendas, evalúa las cosas con el criterio del valor futuro. Lo más probable es que no compres ese aparato de hacer crepes que cuesta $50 dólares, lo cual significa que tu futuro "yo" tendrá $250 dólares más en el banco. Elige con sabiduría todos los días y todas las semanas durante muchos años y muy pronto verás cómo y cuánto te estás enriqueciendo.

En conclusión, cuando anotes todo con esta mentalidad, surgirá un "yo" diferente en tu vida. Te preguntarás si comprar un café todos los días de la semana laboral merece que te gastes el precio futuro de un Mercedes-Benz (porque eso es lo que te está costando). Además, dejarás de obrar involuntariamente, como si fueras sonámbulo; serás más consciente y tomarás mejores decisiones. Y todo esto se lo deberás a una libretita y a un bolígrafo. Sorprendente, ¿verdad?

EL HÉROE INVISIBLE Y NO ELOGIADO

Cuando empieces a anotar todos tus actos, centrarás tu atención en las cosas más insignificantes que haces bien y también en las más insignificantes que haces mal. Cuando decidas introducir en tu rumbo correcciones mínimas, pero constantes, empezarás a ver resultados sorprendentes con el paso del tiempo. Pero no esperes que los demás anuncien estos cambios con trompetas. Cuando digo correcciones "mínimas" quiero decir verdaderamente imperceptibles. A lo mejor, nadie va a notarlas a corto plazo. Así que no esperes aplausos, ni tarjetas de felicitación, ni trofeos por tu constancia. Sin embargo, al final, *El efecto compuesto* terminará siendo un beneficio extraordinario. Con el tiempo, las disciplinas más insignificantes son las que compensan ese esfuerzo y preparación para el triunfo final que nadie percibió cuando estas estaban en marcha. Y aun así, los resultados son extraordinarios. Un caballo gana por unos centímetros, pero recibe el dinero del premio mayor. ¿Significa esto que es 10 veces más rápido? No, simplemente, es mejor. Ese entrenamiento extra en la pista, la disciplina extra en la nutrición del caballo y el esfuerzo adicional del jinete son lo que contribuye a obtener resultados ligeramente mejores, con recompensas acumuladas.

Después de haber jugado cientos de torneos, y de haber anotado miles de golpes, la diferencia entre el golfista #1 y el #10 en la clasificación es tan solo de una media de 1,9 golpes y, sin embargo, la diferencia monetaria del premio se multiplica por 5 ($10 millones de dólares frente a $2 millones de dólares). El golfista #1 no es 5 veces mejor, ni siquiera un 50%, ni un 10% mejor. En realidad, la diferencia entre la puntuación media es solo 2,7% mejor que la de su oponente, pero el resultado es 5 veces mayor. Observa la Figura 4.

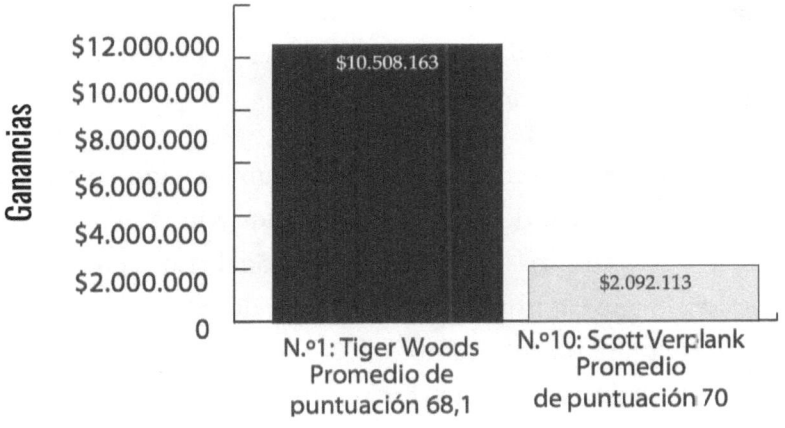

Figura 4

La diferencia entre el golfista #1 y el #10 de la clasificación es una media de 1,9 golpes, pero la diferencia monetaria del premio se multiplica por 5. Este es el poder del efecto compuesto.

[Fuente de información: Clasificación de FedEx Cup Ranking a mediados de diciembre de 2009]

Ese es el poder de las pequeñeces acumuladas. Las cosas grandes no se acumulan, son los cientos, miles o millones de pequeñeces los que separan lo ordinario de lo extraordinario. Para un golfista, una diferencia de un golpe representa un montón de acciones menores, realizadas con anterioridad, pero que no se mencionan cuando él recibe el trofeo.

Te daré más ejemplos de pequeños cambios registrados que redundan en enormes recompensas.

CUESTIÓN DE IR A DAR UN PASEO

Fui mentor de un director ejecutivo de una empresa importante, con unas ventas anuales superiores a $100 millones de dólares.

Felipe era el empresario y fundador de la empresa. Esta iba bien, pero detecté falta de dedicación, confianza y entusiasmo en la cultura de la organización.

No me sorprendió mucho. Felipe no había estado en algunas secciones del edificio desde hacía cinco años y no había hablado frente a frente con más del 80% del personal. En esencia, vivía encerrado en una burbuja con su equipo de gestión, así que le pedí que anotara un solo cambio: tres veces a la semana, tendría que salir de su despacho y caminar por todo el edificio. El objetivo de su caminata era contactar, como mínimo, a tres empleados que estuvieran trabajando bien o de quienes hubiera oído algún elogio y acercarse a ellos para expresarles su agradecimiento.

Este pequeño cambio le llevaba menos de una hora a la semana, sin embargo, con el tiempo, tuvo repercusiones enormes. Los empleados a los que él les había expresado su agradecimiento empezaron a esforzarse más y a trabajar con más empeño para merecer mayor reconocimiento. Otros empleados también decidieron hacer el esfuerzo y rendir mejor, pues observaron que la dirección reconocía y apreciaba su nivel de trabajo. Por consiguiente, la reacción en cadena de su nueva actitud se transfirió a la relación de la empresa con sus clientes. Como la experiencia de los clientes mejoró, ellos no solo mantuvieron los negocios existentes con la empresa, sino que la empresa fue recomendada a otros nuevos clientes potenciales, lo cual hizo que los empleados se sintieran más orgullosos de trabajar allí.

Como verás, un cambio tan sencillo en un lapso de 18 meses le dio un giro de 180 grados a la cultura empresarial. Los beneficios netos aumentaron más de un 30% durante ese tiempo, con el mismo personal y sin hacer ninguna inversión adicional en marketing. Y todo porque Felipe se comprometió a una pequeña tarea que, a primera vista, parecía insignificante, pero realizada de manera sistemática durante cierto tiempo.

EL ÁRBOL DEL DINERO

Hace 12 años, tuve una ayudante magnífica, Carolina. En aquel tiempo, ella ganaba unos $40.000 dólares al año. El caso es que, en una de mis conferencias sobre cómo fomentar el espíritu de empresa y riqueza, su tarea era encargarse de la mesa de inscripciones situada al fondo del salón. A la semana siguiente, Carolina vino a mi despacho y me dijo: "Te oí hablar sobre ahorrar el 10% de todo lo que ganas. Suena bien, pero hacer eso es imposible. No es nada realista". Y comenzó a hablar de sus cuentas por pagar y de sus obligaciones financieras. Lo anotó todo y resultó evidente que no le quedaba dinero a fin de mes. Luego, me dijo: "Necesito un aumento de sueldo".

"Tengo una idea mejor", le contesté. "Voy a enseñarte cómo llegar a ser rica". Sin lugar a dudas, esa no era la respuesta que ella quería oír, pero aceptó.

Entonces, le enseñé la técnica de anotación de gastos y ella empezó a llevar una libreta consigo a todas partes. Le aconsejé que abriera una cuenta de ahorro con solo $33 dólares (un 1% de sus ingresos mensuales).

A continuación, le mostré cómo vivir con $33 dólares menos el mes siguiente: tendría que traer su almuerzo de la casa una vez a la semana en lugar de bajar a la cafetería y comprar un sándwich, patatas fritas y una bebida. El siguiente mes, le propuse que ahorrara el 2% (es decir $67 dólares). Para ahorrar esos $33 dólares adicionales, Carolina cambió el contrato de la televisión por cable. El siguiente mes, aumentamos sus ahorros a un 3%. Para lograrlo, canceló su suscripción a la revista *People* (ya era hora de que estudiara su propia vida) y le dije que, en lugar de comprarse un café en la cafetería Starbucks dos veces a la semana, comprara el café en grano marca Starbucks, junto con otros complementos sofisticados y que preparara el café en la oficina. Como resultado, llegó a preferirlo de ese modo —y yo también.

Al final del año, Carolina ahorraba el 10% de cada dólar que ganaba, sin notar cambios importantes en su estilo de vida. Le parecía asombroso que una sola disciplina tuviera una reacción en cadena en otras disciplinas de su vida. Carolina calculó lo que gastaba en entretenimientos que no estimulaban su mente y decidió invertir ese dinero en desarrollo personal. Después de dedicarle cientos de horas a disfrutar de contenido instructivo e inspirador, su creatividad se disparó. Me expuso varias ideas sobre cómo podríamos ganar y ahorrar más dinero en nuestra empresa. Me presentó un plan que ella implementaría en su tiempo libre, si le prometía una recompensa del 10% de todas las estrategias de ahorro y el 15% de las nuevas estrategias de ingresos que resultaran rentables. Al final del segundo año, ganaba más de $100.000 dólares (con el mismo salario base de $40.000 dólares al año).

Pasado el tiempo, Carolina creó una empresa independiente de servicios con la cual triunfó. Hace dos años, me la encontré en el aeropuerto. Ahora, gana más de un cuarto de millón de dólares al año y ha ahorrado y generado más de $1 millón en activos financieros. ¡Es millonaria! Y todo empezó por decidirse a dar el pequeño paso y ahorrar $33 dólares al mes.

ELECCIONES

Figura 5

| EL PODER DEL EFECTO COMPUESTO ||||||
| AMIGO ||| USTED |||
Edad	Año	Saldo Final	Edad	Año	Saldo Final
23	1	$3.112,48	23	1	0
24	2	$6.483,30	24	2	0
25	3	$10.133,89	25	3	0
26	4	$14.087,48	26	4	0
27	5	$18.369,21	27	5	0
28	6	$23.006,33	28	6	0
29	7	$28.028,33	29	7	0
30	8	$33.467,15	30	8	0
31	9	$39.357,38	31	9	0
32	10	$45.736,51	32	10	0
33	11	$52.645,10	33	11	0
34	12	$60.127,10	34	12	0
35	13	$68.230,10	35	13	0
36	14	$77.005,64	36	14	0
37	15	$86.509,56	37	15	0
38	16	$96.802,29	38	16	0
39	17	$107.949,31	39	17	0
40	18	$120.021,53	40	18	0
41	19	$129.983,26	41	19	$3.112,48
42	20	$140.771,81	42	20	$6.483,30.
43	21	$152.455,80	43	21	$10.133,89.
44	22	$165.109,55	44	22	$14.087,48.
45	23	$178.813,56	45	23	$18.369,21.
46	24	$193.655,00	46	24	$23.006,33.
47	25	$209.728,27	47	25	$28.028,33.
48	26	$227.135,61	48	26	$33.467,15.
49	27	$245.987,76	49	27	$39.357,38.
50	28	$266.404,62	50	28	$45.736,51.
51	29	$288.516,07	51	29	$52.645,10.
52	30	$312.462,77	52	30	$60.127,10.
53	31	$338.397,02	53	31	$68.230,10.
54	32	$366.483,81	54	32	$77.005,64.
55	33	$396.901,78	55	33	$86.509,56.
56	34	$429.844,43	56	34	$96.802,29.
57	35	$465.521,31	57	35	$107.949,31.
58	36	$504.159,35	58	36	$120.021,53.
59	37	$546.004,33	59	37	$133.095,74.
60	38	$591.322,42	60	38	$147.255,10.
61	39	$640.401,89	61	39	$162.589,69.
62	40	$693.554,93	62	40	$179.197,03.
63	41	$751.119,64	63	41	$197.182,78.
64	42	$813.462,20	64	42	$216.661,33.
65	43	$880.979,16	65	43	$237.756,60.
66	44	$954.100,00	66	44	$260.602,76.
Total acumulado =	67	45	**$1.033.289,83**	67	45	**$285.345,14**
Importe total invertido =			**$54.000,00**			**$81.000,00**

EL TIEMPO ES VITAL

Cuanto antes empieces a introducir pequeños cambios en tu vida, con más fuerza te funcionará *El efecto compuesto*. Supongamos que una amiga tuya escuchó los consejos de Dave Ramsey (un experto en finanzas) y, en cuanto consiguió su primer empleo, después de graduarse de la universidad, a los 23 años, empezó a hacer aportes de $250 dólares a un plan de pensiones. Por otro lado, tú todavía no has empezado a hacer tus aportes y planeas comenzar a hacerlos hasta que cumplas 40 años. O quizás, ya empezaste a ahorrar, pero decidiste cerrar esa cuenta, porque no notabas grandes beneficios en ella. Así las cosas, cuando tu amiga tenga 40 años, ella no tendrá que invertir ni $1 dólar más en su plan y a la edad de 67 años tendrá más de $1 millón de dólares, con un crecimiento del 8% de interés acumulado mensualmente. Tú, por tu parte, continuarás invirtiendo $250 dólares al mes hasta que llegues a los 67 años, la edad normal de jubilación establecida por la Seguridad Social en EE.UU. para los nacidos después de 1960. Esto significa que estarás ahorrando 27 años versus los 15 años de tu amiga. De modo que, cuando te jubiles, tendrás menos de $300.000 dólares y habrás invertido $27.000 dólares más que ella. Incluso si ahorraras muchos más años e invirtieras mucho más dinero, aun así, terminarías con menos de un tercio del dinero que podrías haber ahorrado. Eso es lo que pasa cuando retrasamos y descuidamos disciplinas, comportamientos y hábitos necesarios de implementar. No esperes un día más para poner en práctica las disciplinas que te conducirán a tus objetivos. Analiza la Figura 5.

¿Estás pensando que al empezar tan tarde y haberte quedado tan atrás, te será imposible remontar? Esa es otra idea preconcebida en tu mente y es hora de eliminarla. Nunca es demasiado tarde para recibir los beneficios del efecto compuesto. Supongamos otra vez que siempre quisiste tocar el piano, pero crees que es demasiado tarde para eso, porque ya casi vas a cumplir los 40. Si empiezas ahora, para cuando seas un pensionado habrás llegado a ser un virtuoso, puesto que habrás tocado piano durante 25 años. La clave está en empezar AHORA. Todas las acciones grandiosas y las aventuras fantásticas se inician con pasos pequeños. El primer paso siempre parece más difícil de lo que en realidad es.

Pero ¿y si 25 años son demasiado tiempo? ¿Y si solo tienes tiempo y paciencia para 10 años? En el libro de Brian Tracy, *Focal Point* (Amacom, 2002), él describe cómo mejorar cualquier aspecto de la vida en un 1.000%. No un 10%, ni un 100%, sino un 1.000%. Te describiré a grandes rasgos su idea.

Lo único que tienes que hacer es mejorarte a ti mismo y aumentar tu rendimiento, junto con tus resultados e ingresos una décima parte de un 1% cada día laborable (incluso puedes relajarte los fines de semana). Esto supone 1/1.000, o sea, una milésima parte. ¿Crees que podrías hacerlo? Por supuesto, cualquiera está capacitado para hacerlo. Es sencillo. Hazlo todos los días de la semana y mejorarás el 0,5% a la semana (no mucho) y el 2% al mes, que acumulado suma un total del 26% al año. Ahora, tus ingresos se duplican cada 2,9 años. En el décimo año, puedes rendir y ganar el 1.000% de lo que rindes y ganas en la actualidad. ¿No es sorprendente? No tienes que esforzarse un 1.000% más, ni invertir 1.000% más en horas. Basta con hacer una pequeña mejora diaria consistente en una décima parte de un 1%.

EL ÉXITO ES UNA MEDIA MARATÓN

Bárbara era asesoracomercial de ventas en una empresa de software educativo en la que yo estaba introduciendo cambios. Un día, me habló de un amigo que iba a correr media maratón el siguiente fin de semana. Bárbara, que estaba bastante pasada de kilos, me dijo muy convencida: "Yo *nunca* podría hacer algo así. Me quedo sin aliento con el simple hecho de subir un tramo de las escaleras".

"Si tú quieres, puedes elegir hacer lo que tu amigo está haciendo", le contesté. Ella se mostró reacia y agregó: "Eso es totalmente imposible".

El primer paso, era ayudar a Bárbara a encontrar una motivación. Por lo tanto, le pregunté: "¿Cuál es el motivo por el que correrías media maratón?".

"Bueno, el verano que viene tengo una reunión de exalumnos de la escuela con el fin de celebrar el Aniversario #20 de nuestra graduación y me gustaría estar estupenda para la ocasión. ¡Pero he engordado tanto desde que tuve a mi segundo hijo hace cinco años, que no sé cómo hacerlo!".

¡Bingo! Habíamos encontrado una magnífica razón para motivarla. Sin embargo, actué con cautela. Si tú has intentado adelgazar alguna vez, lo más probable es que conozcas el procedimiento: te inscribes a un gimnasio caro, te gastas un montón de dinero en entrenadores personales, aparatos, ropa deportiva y en unas zapatillas de deporte alucinantes. Después, haces ejercicio vigorosamente durante una semana y luego conviertes la bici elíptica en un tendedero para secar la ropa, abandonas el gimnasio y dejas que las zapatillas se pudran en un rincón. Así que yo quería utilizar una táctica mejor con Bárbara. Sabía que, si lograba persuadirla para que eligiera un solo nuevo hábito, ella se engancharía y el resto de los comportamientos necesarios sucederían de forma natural.

Así las cosas, le propuse que condujera en su auto por su vecindario y planificara una ruta de un kilómetro y medio desde su casa. Después, le propuse que caminara esa distancia tres veces, durante dos semanas. Observa que no le pedí que corriera el kilómetro y medio. Empecé con una tarea pequeña y fácil que no requiriera de un gran esfuerzo. Luego, le pedí que caminara la ruta tres veces por semana, durante dos semanas más. Cada día, su elección era continuar con la tarea asignada.

Lo siguiente que le sugerí fue que empezara a correr a paso tranquilo, sin sentir molestias. Si notaba que se quedaba sin aliento, debía parar y continuar su recorrido caminando. Le encomendé esta tarea hasta que pudiera correr un cuarto, la mitad y, finalmente, tres cuartos de ese kilómetro y medio. Bárbara tardó tres semanas más (nueve salidas) hasta que logró recorrer todo el kilómetro y medio corriendo. Después de un total de siete semanas, ya completaba el circuito entero, corriendo. A primera vista, parece mucho tiempo para una victoria tan mínima, ¿verdad? Después de todo, media maratón es de apenas unos 21 kilómetros, así que, en comparación, un kilómetro y medio no es nada. Lo más significativo fue que ella empezó a notar que su elección de ponerse en forma para la reunión (su motivo, como explicaré más adelante) estaba fomentando en ella nuevos hábitos más sanos. *El efecto compuesto* estaba en marcha y había comenzado su proceso prodigioso.

Posteriormente, le pedí que aumentara la distancia una octava parte del kilómetro y medio en cada salida (era una distancia apenas perceptible, unos 300 pasos más). A los seis meses, ya ella corría *15* kilómetros sin problema. En nueve meses, corría *25* kilómetros (una distancia mayor a media maratón) como parte de su rutina habitual. Lo más fascinante fue lo que ocurrió en otros aspectos de su vida. Bárbara dejó de sentir esa necesidad imperiosa de comer chocolate (su obsesión de toda la vida) y comida grasienta. El aumento de energía, como resultado del ejercicio cardiovascular, junto con la comida sana, incrementaron su entusiasmo en el trabajo. Durante ese período, duplicó su rendimiento en las ventas (que, para mí, era favorable).

Como vimos en el capítulo anterior, la reacción en cadena de este impulso aumentó su autoestima. Se volvió más cariñosa con su marido y su relación pasó a ser más apasionada de lo que había sido desde la universidad. Como se sentía con más energía, la relación con sus hijos se volvió más activa y animada. Ya no tenía tiempo de salir con esos amigos tan negativos que seguían reuniéndose después del trabajo para ir de copas y llenarse de comida grasienta. Se inscribió en un club de corredores y allí conoció a gente con una actitud más saludable, lo cual fomentó en ella un montón de decisiones, comportamientos y hábitos positivos adicionales.

Después de aquella primera conversación en mi despacho, y de su decisión de encontrar un motivo y comprometerse a realizar unas pequeñas tareas, Bárbara perdió más de 18 kilos. Se convirtió en el ejemplo viviente de una mujer empoderada y en plena forma física. En la actualidad, Bárbara corre maratones completas.

Tu vida es el resultado de las elecciones que haces a cada momento. En el CD de *SUCCESS* (mayo 2010), Jillian Michaels, la entrenadora personal del programa *Biggest Loser* (cuya meta de los concursantes es perder peso) compartió con nosotros un recuerdo muy instructivo de su niñez: "Cuando era pequeña, mi madre me organizaba un juego que consistía en encontrar huevos de chocolate escondidos. Yo corría, buscándolos por toda la casa y, cuando me acercaba a un huevo, mi madre decía: '¡Caliente!'; si me acercaba mucho más, decía '¡Te quemas!'; si me alejaba: '¡Frío, helado!'. Pues bien, esto mismo es lo que les enseño a los participantes del programa. Necesito que ellos identifiquen el motivo de su felicidad y cuál es su objetivo final al llegar al punto más caliente. Quiero que entiendan cómo cada elección y decisión que ellos toman en cada momento los acerca a esa meta final".

Entonces, como los resultados que obtenemos son el efecto de las opciones elegidas en cada momento, tenemos un poder increíble para cambiar nuestra vida. Paso a paso y día a día, nuestras elecciones determinan las acciones que se convertirán en hábitos cuando la práctica constante las haga permanentes. Perder es un hábito. Ganar también lo es. Ahora, veamos cómo instaurar en tu vida hábitos de éxito permanentes. Si eliminas hábitos destructivos y los remplazas por las costumbres positivas que necesitas implementar, lograrás darle a tu vida la dirección que desees hasta conducirla a las alturas más inimaginables. Déjame mostrarte cómo hacerlo…

Resumen de las acciones por practicar

- ¿Con qué personas o circunstancias de tu vida encuentras mayores dificultades? Escribe todos los aspectos de esta persona o situación por los que debes estar agradecido. Anota todo lo que refuerce o amplíe tu sentimiento de gratitud en esa área.

- ¿En qué aspectos de tu vida no asumes el 100% de responsabilidad por el éxito o fracaso de tu situación actual? Escribe tres cosas que hayas hecho en el pasado y que hayan perjudicado tu vida. Escribe tres cosas que deberías haber hecho, pero no hiciste. Escribe tres cosas que te hayan ocurrido y ante las que reaccionaste ineficazmente. Escribe tres cosas que puedas empezar a hacer hoy mismo para retomar el 100% de responsabilidad sobre tus resultados en la vida.

- Empieza anotando, por lo menos, un comportamiento en un aspecto de tu vida que deseas cambiar y mejorar (p.ej. Finanzas, alimentación, estado físico, aprender a apreciar a los demás, la manera de educar a tus hijos. El que tú decidas).

CAPÍTULO 3

HÁBITOS

Un sabio maestro estaba paseando en el bosque con uno de sus jóvenes pupilos y, de repente, se detuvo delante de un arbolito.

"Arráncalo", le instó el maestro, señalándole el brote que apenas salía de la tierra. El joven lo arrancó fácilmente con los dedos. "Ahora, arranca ese otro", le dijo indicándole un arbolito mayor que le llegaba al chico por la rodilla. Casi sin esfuerzo, el muchacho tiró y el pequeño árbol cedió con raíces y todo. "¡Ahora, este!", Exclamó el maestro, mostrándole con la cabeza un árbol de hoja perenne mucho más crecido y tan alto como el pupilo. Con gran esfuerzo, tirando con todas sus fuerzas y apalancando las tercas raíces con palos y una piedra, al fin, el joven consiguió desprenderlo de la tierra.

"Ahora", propuso el sabio, "quiero que arranques este otro". El joven siguió la miraba del maestro y descubrió un roble tan alto que su copa apenas sí se veía. Con todo el trabajo que le había costado arrancar un árbol mucho más pequeño, el discípulo le respondió a su maestro: "Lo siento, pero no puedo hacerlo".

"¡Hijo mío!", Prorrumpió el maestro, "¡acabas de demostrar el poder que tienen los hábitos en nuestra vida! ¡Cuanto más antiguos, más grandes y enraizados se vuelven, y más difícil es erradicarlos! ¡Algunos se hacen tan grandes y echan raíces tan profundas que no te atreves ni a intentar arrancarlos!".

ANIMALES DE COSTUMBRES

Ya lo decía Aristóteles: "Somos lo que hacemos repetidamente". *El Diccionario de la Real Academia* define la palabra costumbre como: "Hábito, modo habitual de obrar o proceder establecido por tradición o por la repetición de los mismos actos y que puede llegar a adquirir la fuerza de precepto".

Cuenta una historia que un hombre iba a caballo, galopando velozmente. Parecía dirigirse a un lugar importante. Un lugareño que iba por la orilla del camino le preguntó a voces: "¿Dónde va?". El jinete le respondió: "¡No tengo ni idea. Pregúntele al caballo!".

Esta sencilla historia bien podría representar la vida de la mayoría de las personas. Muchas se dejan llevar por sus hábitos sin saber a dónde estos las dirigen. Es hora de tomar las riendas y encaminar tu vida hacia donde realmente quieras ir.

Si has estado viviendo con el piloto automático puesto, dejando que tus hábitos te gobiernen, es bueno que entiendas por qué quiero que te liberes. Después de todo, dirás que te encuentras en buenas manos. Sin embargo, estudios sicológicos revelan que el 95% de lo que sentimos, pensamos, hacemos y logramos es el resultado de un hábito aprendido. Todos nacemos con instintos, por supuesto, pero sin hábitos. Es con el paso del tiempo que los desarrollamos. Desde niños aprendemos respuestas condicionadas que conllevan a reacciones automáticas (es decir, involuntarias) en muchas situaciones.

En la vida diaria, actuar de forma "automática" tiene sus ventajas. Si tuvieras que pensar de forma consciente cada paso de una tarea cotidiana (preparar el desayuno, llevar a los niños al colegio, ir a trabajar, etc.), tu vida se detendría bruscamente. Por ejemplo, te cepillas los dientes dos veces al día sin pensarlo; lo haces y ya está, sin necesidad de ningún debate filosófico. Te abrochas el cinturón de seguridad en cuanto te sientas en tu auto sin pensarlo dos veces. Nuestros hábitos y rutinas nos permiten utilizar un mínimo de consciencia para realizar las tareas habituales. Nos ayudan a mantenernos cuerdos y nos permiten gestionar relativamente bien la mayoría de las situaciones que nos suceden. De modo que, como no tenemos que pensar en lo rutinario, podemos centrar nuestra energía mental en pensamientos más creativos y enriquecedores. Es decir que los hábitos nos sirven de ayuda, siempre y cuando sean buenos.

Si comes sanamente, es muy probable que tengas hábitos sanos al comprar la comida en el supermercado o al elegir un plato en el menú de cualquier restaurante. Si estás en buena forma física, lo más seguro es que haces ejercicio con regularidad. Si triunfas en tu trabajo como vendedor, es porque los hábitos que posees para mantener en forma tu preparación mental y tu monólogo interno te permiten afrontar con optimismo las situaciones de rechazo.

He conocido y trabajado con muchos triunfadores, directores ejecutivos y estrellas del espectáculo. Así que puedo decirte de primera mano que todos ellos comparten un rasgo en común: tienen buenos hábitos. Con ello no quiero decir que no tengan malos hábitos también, sí los tienen, pero no demasiados. Lo esencial aquí es entender que una rutina diaria creada con buenos hábitos es la diferencia que separa a los triunfadores del resto de la gente. Tiene sentido ¿verdad? Con todo lo dicho, deducirás que los triunfadores no son necesariamente más inteligentes o más dotados de talento que los demás. Son sus hábitos los que los convierten en personas más informadas, cultas, competentes, cualificadas y mejor preparadas.

Cuando era pequeño, mi padre utilizaba a Larry Bird como un ejemplo a seguir para inculcarme hábitos. "Larry Legend" es conocido como uno de los mejores jugadores de baloncesto profesional. Sin embargo, no se le conocía por ser el jugador más atlético o dotado. Nadie le hubiera descrito como "grácil" en la cancha de baloncesto. Aun así, a pesar de una limitada aptitud atlética innata, él consiguió que su equipo, los Boston Celtics, ganara tres campeonatos del mundo y todavía hoy se le considera como uno de los mejores jugadores de todos los tiempos. ¿Cómo lo consiguió?

Fueron sus hábitos y su dedicación implacable para practicar y mejorar su juego. Bird fue uno de los lanzadores de tiros libres más constante de la Historia de la NBA (Liga de Baloncesto Profesional). Desde su niñez, tenía la costumbre de practicar 500 tiros libres todas las mañanas, antes de ir al colegio. Con una disciplina como esa, Larry aprovechó al máximo los talentos que recibió y les dio una lección en la cancha a algunos de los jugadores más dotados.

Como Larry, tú también puedes programar respuestas automáticas e involuntarias para que sean las de un campeón. Este capítulo trata sobre cómo decidirte a compensar con disciplina la falta de habilidades innatas. Todo consiste en convertirte en una persona con hábitos de campeón.

Con suficiente práctica y repetición, cualquier comportamiento, bien sea bueno o malo, se convierte en automático después de un tiempo. Lo que esto significa es que, aunque desarrollamos la mayoría de nuestros hábitos en nuestro subconsciente (copiamos lo que hacen nuestros padres, nos identificamos con el entorno y la cultura y creamos mecanismos de defensa), a nivel consciente, tenemos la capacidad más que suficiente para decidir cambiarlos. De esto deducimos que, como hemos aprendido todos los hábitos que tenemos, también es posible desaprender los que no son eficaces. ¿Preparado? Entonces, vamos…

LIBÉRATE DE LA SATISFACCIÓN INSTANTÁNEA, PUES ES UNA TRAMPA

Sabemos que engullir pasteles no beneficiará a nuestra silueta. Somos conscientes de que pasar tres horas todas las noches frente al televisor, viendo "Mira quién baila" y otros programas es un hábito que nos quita tres horas que bien podríamos dedicar a leer un buen libro o a escuchar un CD instructivo. También comprendemos que el simple hecho de comprar unas buenas zapatillas de hacer deporte no nos pone a punto para correr una maratón. Somos seres racionales. Al menos, eso es lo que nos decimos a nosotros mismos. Entonces, ¿por qué nos esclavizan irracionalmente tantos malos hábitos? Porque la necesidad de satisfacción instantánea nos convierte en los animales más propensos a reaccionar y obrar sin pensar.

Si le dieras un mordisco a una Big Mac y cayeras al suelo de repente, víctima de un ataque al corazón, es casi seguro que no le darías un segundo mordisco a esa hamburguesa. Si la siguiente bocanada de un cigarro te arrugara la cara, dejándotela como la de un viejecito de 80 años, te aseguro que, al instante, dejarías de fumar. Si por no hacer esa décima llamada hoy te despidieran y cayeras en la bancarrota, tomar el teléfono y llamar sería la más sencilla de todas las tareas. Y si el primer bocado de un pastel le añadiera 20 kilos a tu silueta en un solo instante, despedirte de los postres sería la más fácil de las decisiones.

El problema es que la satisfacción inmediata derivada de los malos hábitos suele ser más fuerte que los razonamientos mentales que nos advierten sobre posibles malas consecuencias a largo plazo. Permitirnos esos malos hábitos no parece tener ningún efecto negativo en el momento. No nos da un ataque al corazón, no se nos arruga la cara, no estamos haciendo fila en una oficina de empleo, ni hemos engordado. Sin embargo, eso no significa que *El efecto compuesto* esté inactivo.

Por todo esto, es hora de DESPERTARTE y darte cuenta de que esos malos hábitos que te permites podrían estar consolidando tu vida de tal modo que sea un continuo desastre. Es innegable que un ajuste mínimo de tus rutinas diarias tiene el poder de cambiar dramáticamente los resultados de tu vida. No me refiero a hacer cambios enormes, ni una revisión exhaustiva de tu personalidad y carácter, ni de tu vida entera. Estoy hablando de implementar ajustes mínimos, intranscendentes, pero que podrían revolucionar (y revolucionarán) todo a tu alrededor.

El mejor ejemplo que tengo para ofrecerte en cuanto a enfatizar el poder de los pequeños ajustes es el de un avión volando desde Los

Ángeles hacia Nueva York. Si el rumbo del avión se desvía un 1% de su curso (un ajuste imperceptible cuando el avión se encuentra en tierra en Los Ángeles), la ruta se desviará 240 kilómetros y su destino terminará siendo Albany, más al Norte; también podría ir a parar a Dover, en Delaware. Lo mismo pasa con los hábitos. Basta con un solo mal hábito, que no parece trascendental en el momento, para desviar el rumbo de la trayectoria hacia las metas y la vida que deseas. (Ver Figura 6).

Mucha gente va a la deriva, sin realizar un esfuerzo consciente para entender qué es lo que quiere en concreto y lo que debe hacer para conseguirlo. Por eso, quiero mostrarte cómo despertar ese entusiasmo y ayudarte a dirigir un imparable poder creativo en la dirección de tus sueños y deseos más anhelados. Erradicar los malos hábitos convertidos en robles enormes va a ser un trabajo arduo y difícil. De manera que, para hacer el proceso de cambio, necesitas algo más que una determinación implacable, ya que la fuerza de voluntad por sí sola no logrará echar abajo ese roble.

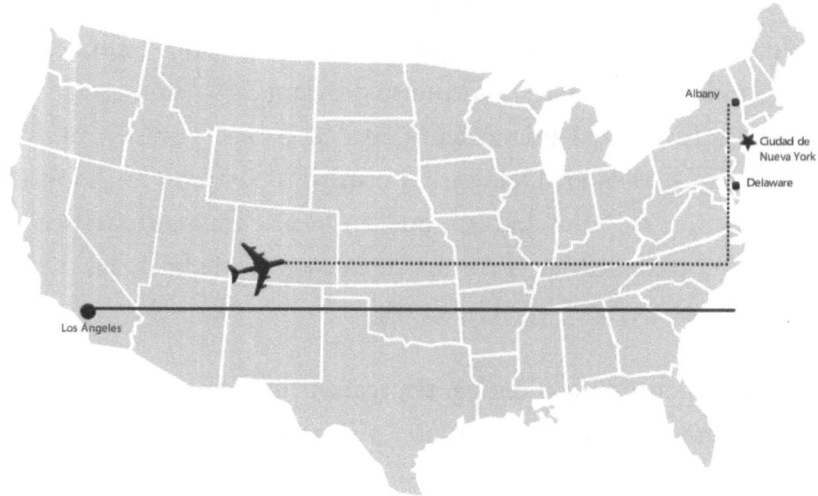

Figura 6

El poder de un pequeño ajuste: si el curso cambia un 1%, la ruta se desvía 240 kilómetros.

ENCUENTRA TU TALISMÁN: EL PODER DE LOS MOTIVOS

Si asumimos que la fuerza de voluntad que necesitas para cambiar tus hábitos es como usar una servilleta para proteger una cesta de picnic de un oso hambriento, entonces, es fácil deducir que requerirás de un arma más contundente para vencer a ese oso.

Cuando se hace difícil continuar con ese duro esfuerzo por conseguir los objetivos marcados, es normal pensar que nos falla la fuerza de voluntad. Sin embargo, yo no estoy de acuerdo con sentir o pensar de ese modo, puesto que decidir que se quiere tener éxito no es suficiente. ¿Qué te ayudará a perseverar con respecto a esas decisiones positivas que debes tomar? ¿Qué evitará que sufras una recaída en esos malos hábitos involuntarios? ¿Qué será diferente esta vez a las anteriores en que lo intentaste y fracasaste? Recuerda que, en cuanto las cosas se pongan difíciles, sentirás la tentación de caer en tu antigua y cómoda rutina.

Ya antes lo intentaste haciendo uso de tu fuerza de voluntad y fracasaste. Te fijaste unos propósitos y no los cumpliste. La última vez, creíste que en verdad conseguirías perder peso. El año pasado, pensaste que ibas a realizar todas esas llamadas de ventas. Entonces, "para esta locura" y haz algo diferente para obtener resultados diferentes y siempre mejores.

Olvídate de la fuerza de voluntad. Ha llegado la hora de poner a funcionar el "poder de la motivación". Tus decisiones solo tienen sentido cuando las conectas con tus deseos y sueños. Las decisiones más sabias y motivadoras son las que acercan a cada persona a lo que ella identifica como sus fines, su verdadero "yo" y sus valores más elevados. De manera que tú debes desear algo y saber *por qué* lo deseas, de lo contrario, terminarás dándote por vencido con gran facilidad.

Así que, ¿cuál es tu motivo? Si deseas introducir mejoras significativas en tu vida, tienes que tener una razón. Para animarte a introducir los cambios necesarios, debes tener un porqué realmente motivador (para ti). Debe ser algo que te anime a levantarte y perseverar una y otra vez durante años. ¿Qué es lo que más te motiva? Identificar ese porqué es esencial. El motivo es lo que despierta la pasión, el origen del entusiasmo y el motor de la perseverancia. Es tan importante que ese fue el tema principal de mi primer libro: *Design Your Best Year Ever: A Proven Formula for Achieving BIG GOALS* (SUCCESS Books, 2009). No hay duda alguna: tú DEBES saber cuál es tu motivo.

¿POR QUÉ TODO ES POSIBLE?

El poder de un motivo es lo que te alienta a perseverar al hacer tareas extenuantes, rutinarias y laboriosas. La ejecución de nuestras acciones no tendría sentido si los motivos que tenemos no fueran suficientemente intensos. Por lo tanto, mientras no tengas claro cuál es tu deseo y tu motivación, abandonarás cualquier nueva ruta que hayas diseñado en aras de mejorar tu vida. Si el poder de tus motivos o deseos no es lo bastante intenso, si la determinación de tu entrega no es lo suficientemente sólida, acabarás como quienes hacen buenos propósitos en Año Nuevo, es decir, renunciarás a la primera oportunidad y volverás a tu práctica sonámbula de elegir mal. Te daré un ejemplo para que entiendas mejor a lo que me estoy refiriendo.

Si yo pusiera en el suelo un tablón de 0,25 centímetros de ancho y 9 metros de largo y te dijera: "Si caminas por este tablón de un extremo a otro, te doy $20 dólares", ¿qué harías? Por supuesto, esa es una forma sencilla de ganar dinero. Pero, ¿qué pasaría si yo utilizara ese mismo tablón para formar un puente entre dos edificios de 100 plantas? Los mismos $20 dólares por caminar por el tablón de 9 metros dejarían de atraerte y sería imposible ganártelos, ¿verdad? Me mirarías y dirías: "¡Ni hablar!". (Observa la Figura 7).

Pero si tu hijo se encontrara en el edificio de enfrente y ese edificio estuviera en llamas, seguro que caminarías hasta el otro extremo del tablón sin pensarlo ni un solo instante y te olvidarías de los $20 dólares.

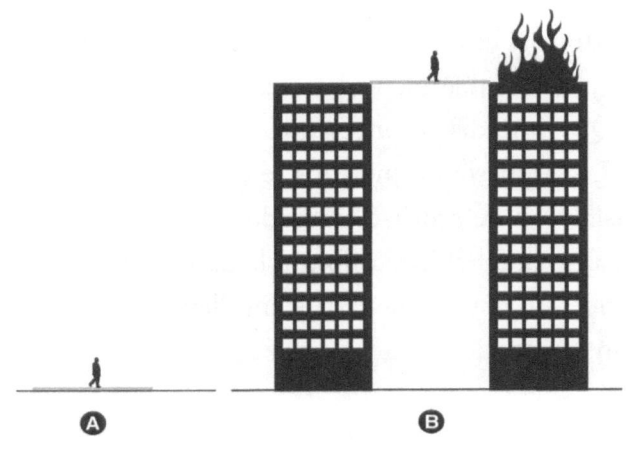

Figura 7

¿Es el poder de tu motivo lo bastante intenso?

Ahora, ¿por qué la primera vez que te pedí que cruzaras el tablón a gran altura dijiste que no y, sin embargo, la segunda vez no vacilarías en hacerlo? El riesgo y el peligro eran los mismos. ¿Qué cambió? Lo que cambió fue el motivo para hacerlo. ¿Te das cuenta? Cuando el motivo es lo suficientemente intenso, estamos dispuestos a ejecutar casi cualquier tarea para conseguir nuestro objetivo.

Para estimular al máximo tus posibilidades creativas y tu dinamismo interno debes ir más allá de la retribución monetaria o las metas materiales. No es que esas motivaciones sean malas, por el contrario, son estupendas. Yo soy un experto en cosas buenas. No obstante, los bienes materiales no te incitan lo suficiente a entregarte a la lucha en cuerpo y alma. Este entusiasmo tiene que surgir de algo más profundo. Incluso si consigues el objeto deseado, no alcanzarás el verdadero premio: la felicidad y la satisfacción. En mi entrevista con un experto del rendimiento máximo, Anthony Robbins (*SUCCESS*, enero de 2009), él dijo: "He visto magnates que consiguen sus objetivos máximos y, sin embargo, viven frustrados, preocupados y con miedo. ¿Qué impide entonces que esta gente con tanto éxito sea feliz? La respuesta es que ellos se centraron en el triunfo, no en la satisfacción de sentirse realizados. Un logro formidable no garantiza alegría, felicidad, amor, ni le da sentido a tu vida. Estas dos aptitudes se complementan y me llevan a concluir que un triunfo sin satisfacción es un fracaso".

Bien dicho. Por esa razón, no basta con decidir tener éxito. Debes ir más lejos y encontrar una razón profunda que active ese "súperpoder", el poder de tu motivo.

MOTIVACIONES ESENCIALES

Nuestras motivaciones están determinadas por nuestros valores esenciales, los cuales definen quiénes somos y lo que nos identifica. Son una brújula interna, la luz que nos guía, nuestro sistema de navegación personal. Actúan como un filtro por el que pasan todas las exigencias, requisitos y tentaciones de la vida y se aseguran de llevarnos al destino deseado. Definir y calibrar adecuadamente los valores esenciales es un paso primordial para redirigir tu vida hacia tu gran sueño.

Si todavía no los has definido con claridad, corres el riesgo de tomar decisiones que contradigan tus deseos. Por ejemplo, si le concedes mucha importancia a la honestidad, pero te relacionas con mentirosos, ahí hay una incoherencia. Si dejas que tus acciones entren en conflicto con tus valores, terminarás siendo infeliz, te sentirás frustrado y desanimado. Los sicólogos afirman que nada nos genera más estrés que las acciones y los comportamientos que son incongruentes con nuestros valores.

Definir los valores esenciales también te ayudará a que tu vida sea más sencilla y eficaz. Tomar decisiones también es más fácil cuando se tienen valores esenciales. Cada vez que te enfrentes a una elección, pregúntate: ¿concuerda esto con mis valores esenciales? Si es así, hazlo; si no, no lo hagas, ni lo pienses más. Esa es la mejor forma de ponerles fin a las preocupaciones y a la indecisión.

> Para identificar tus valores esenciales, utiliza la hoja de evaluación de valores esenciales que se encuentra al final del libro.

BUSCA UN ENEMIGO

Suele motivarnos algo que deseamos o algo que rechazamos. El amor es una fuerza de motivación muy poderosa, pero el odio también lo es. El odio puede ser bueno, a pesar de lo que se diga (p.ej. odiar enfermedades, injusticia, ignorancia, autocomplacencia, etc.). A veces, encontrar un enemigo nos hace reaccionar. Las situaciones en las que tuve un enemigo al cual enfrentarme inspiraron mi mayor motivación, determinación y obstinada perseverancia. A lo largo de la Historia, las mayores transformaciones y revoluciones políticas fueron el resultado de enfrentarse a un enemigo: David contra Goliat, América contra los británicos, Luke contra Darth Vader, Rocky contra Apollo Creed, los veinteañeros contra "The Man", Rush Limbaugh contra los liberales, Lance Armstrong contra el cáncer, Apple contra

Microsoft, Microsoft contra Apple y podríamos seguir y seguir, pero estoy seguro de que ya te quedó claro lo que quiero decir.

Los enemigos nos dan una razón para armarnos de valor. La lucha pone a prueba nuestra habilidad, personalidad y determinación. Nos obliga a valorar y a poner en práctica talentos y aptitudes. Sin una lucha que nos motive, nos abandonamos, nos volvemos perezosos y perdemos fuerza y determinación.

A varios clientes de quienes soy mentor les preocupa que sus acciones se deriven de motivaciones poco nobles. Se sienten culpables por querer demostrarles a sus objetores que están equivocados o por sus deseos de vengarse de quienes afirmaban que ellos no llegarían lejos en la vida o que no conseguirían vencer a la competencia o al querer aventajar a un hermano que siempre los dominaba. En realidad, no importa la motivación que tengas (siempre y cuando sea legal y moral) y tampoco tiene que ser una grandiosa causa humanitaria. Lo que cuenta es que te sientas plenamente motivado. A veces, ese tipo de motivaciones suele ayudarnos a utilizar una emoción fuerte o una experiencia negativa para alcanzar una meta todavía más poderosa y que resulte exitosa.

Así fue para Pete Carroll, uno de los entrenadores de fútbol americano más admirados de la Historia. Cuando publicamos un artículo sobre él en la revista *SUCCESS* en septiembre de 2008, él nos explicó de esta manera su temprana motivación: "De niño, solía ser enclenque. No podía hacer muchas cosas, porque era demasiado pequeño. Tardé unos dos años en llegar a un punto en que pudiera ser competitivo. Mientras tanto, durante todo ese tiempo, viví con la convicción de que era mucho mejor de lo que parecía y que necesitaba luchar para probarlo. Me frustraba, porque sabía que podía llegar a ser especial".

Para Caroll, la necesidad de luchar resultó en grandes logros. El ejemplar de marzo de 2010 de la revista *SUCCESS* publicó una entrevista con el elogiado actor Anthony Hopkins. Me sorprendió cuando él nos contó que fue la ira la que hizo despertar su extraordinario talento y determinación. Hopkins admitió que era un estudiante pésimo, afectado por dislexia, déficit de atención e hiperactividad, mucho antes de que tales trastornos del aprendizaje se diagnosticaran. Así que le colgaron el cartelito de "niño problemático".

"Yo era motivo constante de preocupación para mis padres", reveló él. "A primera vista, no tenía futuro, porque la escolarización y la educación académica eran importantes, pero yo no parecía tener la habilidad de asimilar lo que me enseñaban. Todos mis primos sobresalían en los estudios y yo me sentía resentido y rechazado por la sociedad. Estaba muy deprimido".

Hopkins aprovechó esa ira. Lo impulsó a luchar y conseguir éxito fuera de lo académico o los deportes. Descubrió que tenía un atisbo de talento para actuar. Así pues, utilizó la ira, causada por las etiquetas denigrantes que le habían asignado para dirigir su determinación hacia el arte de actuar. Hoy en día, se le considera como uno de los mejores actores con vida. Como resultado de la fama y fortuna adquiridas, Hopkins ha podido ayudarle a mucha gente en su lucha contra las drogas, además de brindar su apoyo en asuntos relacionados con el medio ambiente. Como verás, aunque al comienzo no lo impulsó una causa "noble", es claro que su lucha mereció la pena.

Todos tenemos la capacidad de tomar decisiones poderosas. Podemos recuperar el control si dejamos de echarle la culpa al azar, al destino o a los demás por los resultados que obtenemos. Provocar cambios depende de nosotros mismos y podemos hacerlo. Entonces, en lugar de dejar que experiencias pasadas y desagradables nos debiliten y saboteen nuestro éxito, utilicémoslas para fomentar cambios positivos y constructivos.

OBJETIVOS

Como mencioné antes, *El efecto compuesto* siempre está en funcionamiento y siempre nos llevará a alguna parte. La pregunta es: ¿hacia dónde? Aprovecha esta fuerza implacable y deja que te conduzca a nuevas alturas, pero debes saber a dónde quieres llegar. ¿Qué metas, sueños y destinos deseas alcanzar?

Cuando asistí al funeral de Paul J. Mayer, otro de mis mentores, recordé la riqueza y diversidad de su vida. Paul consiguió, experimentó y contribuyó más que docenas de personas juntas. La lectura de su obituario me instó a reexaminar la cantidad e importancia de los objetivos que me propongo lograr. Si Paul estuviera aquí, nos diría: "Si no progresas tanto como te gustaría y sabes que eres capaz de hacerlo, eso significa que todavía no has definido bien tus objetivos". Una de sus frases más memorables nos recuerda la importancia de los objetivos: "Aquello que imaginas con intensidad, deseas de corazón, crees con sinceridad y lo trabajas con entusiasmo, ¡forzosamente, tiene que salirte bien!".

Aprender a establecer y a conseguir objetivos de forma eficaz es la técnica que más ha contribuido a la prosperidad lograda en mi vida. Algo casi mágico sucede cuando organizas y diriges tu poder creativo hacia un objetivo bien definido. Lo he visto muchas veces. Los triunfadores han tenido éxito, porque han planificado sus sueños. Todo el que tiene un motivo claro, convincente y estimulante siempre vencerá al mejor de los mejores al ejecutar las tareas indispensables para alcanzar su objetivo.

> Para descubrir dónde podría ser necesario añadir o reajustar tus objetivos, utiliza la hoja de evaluación de la vida que se encuentra al final del libro

CÓMO FIJAR OBJETIVOS: TE REVELARÉ EL MISTERIO

Solo vemos, experimentamos o conseguimos aquello que buscamos. Si no sabemos qué buscamos, seguro que no lo conseguiremos. Por naturaleza, somos buscadores de objetivos. Nuestro cerebro siempre está intentando hacer que el mundo exterior encaje con lo que vemos y esperamos en nuestro mundo interior. Así, cuando le ordenamos que busque aquello que deseamos, empezamos a visualizarlo. En realidad, es bastante probable que el objeto de nuestro deseo haya estado siempre presente a nuestro alrededor, pero ni nuestros ojos, ni nuestra mente estaban listos para percibirlo.

Así es cómo funciona la *Ley de la Atracción*. No estamos hablando de ese vudú misterioso y esotérico que a veces parece esta ley. Se trata de algo mucho más sencillo y práctico.

Continuamente, nos bombardean con millones y millones de elementos de información tanto visuales como auditivos y físicos. Para no perder la cordura, ignoramos el 99,9 % de todos ellos y solo vemos, oímos o notamos aquello en lo que se centra nuestra mente. Por esta razón, cuando "pensamos" en algo, parece como si lo atrajéramos a nuestra vida de maneras milagrosas, cuando en realidad no hacemos más que percibir algo que ya estaba allí antes, solo que ahora lo "atraemos" hacia nosotros. No parecía estar ahí antes o no era accesible para nosotros, sino hasta que enfocamos nuestros pensamientos en su dirección y dirigimos nuestra mente para verlo.

¿Esto tiene sentido? No es ningún misterio en absoluto, por el contrario, es bastante lógico. Ahora, con esta nueva percepción, te centrarás en aquello en lo que piensas y de repente lo "verás" en ese 99,9 % de espacio que te queda libre.

He aquí un ejemplo muy utilizado, pues es la pura verdad: cuando decidimos comprar un automóvil, de repente, vemos ese modelo y esa marca por todas partes, ¿es verdad o no? Parece como si, de un momento a otro, este tipo de auto hubiera inundado las calles cuando apenas ayer no había ninguno. ¿Es eso real? Por supuesto que no. Han estado allí todo el tiempo, pero no les prestábamos atención. No existían hasta que empezamos a pensar en ellos.

Cuando definimos nuestros objetivos, le damos al cerebro algo nuevo que buscar o en qué centrarse. Es como darle a la mente ojos nuevos desde los cuales veremos gente, circunstancias, recursos, ideas y toda la creatividad que nos rodea. Con esta nueva perspectiva (un itinerario interno), la mente pasa a establecer correspondencias entre lo externo y los deseos de nuestra mente (el objetivo). Así de simple. Es indudable que, una vez que hemos fijado nuestros objetivos, surge una diferencia profunda en nuestra forma de percibir el mundo y de atraer ideas, gente y oportunidades.

En una de mis entrevistas con Brian Tracy, él lo explicó de esta manera: "La gente que está en la cumbre tiene unos objetivos muy claros. Los triunfadores se conocen bien a sí mismos y saben lo que quieren. Toman nota y planifican cómo conseguirlo. La gente sin éxito lleva sus objetivos metidos en la cabeza como si estos fueran canicas golpeteando una lata. Un objetivo que no se pone por escrito es una simple fantasía. Todo el mundo tiene fantasías, pero estas son como balas sin pólvora en el cartucho. La gente se pasa la vida disparando balas de fogueo sin unos objetivos por escrito y ese es, precisamente, el punto de partida".

Te sugiero que *hoy mismo* le dediques algo de tiempo a la elaboración de tu lista de objetivos más importantes. Te recomiendo que pienses en objetivos en todos los aspectos de tu vida, no solo en los negocios o las finanzas. No caigas en el error de centrarte demasiado en un solo aspecto, excluyendo así todos lo demás. Opta por un tipo de éxito general; por un equilibrio en todos los aspectos que sean importantes para ti: negocios, finanzas, salud y bienestar, espiritualidad, familia, relaciones y estilo de vida.

> Para ayudarte a fijar objetivos significativos y específicos, ve a la hoja diseñar objetivos que encontrarás al final del libro.

QUIÉN DEBES LLEGAR A SER

Una vez que nos hemos fijado los nuevos objetivos que deseamos lograr, es el momento de preguntarnos: ¿qué debo *hacer* ahora para lograr mi objetivo? Esta es una magnífica pregunta, pero no es la primera que necesita de una respuesta. La pregunta que debemos hacernos es: ¿quién debo llegar a ser? Es casi seguro que hayas conocido personas que parecen hacerlo todo bien, pero que no obtienen los resultados que desean, ¿verdad? ¿Y por qué será? Jim Rohn me enseñó lo siguiente: "Si quieres tener más, debes convertirte en alguien mejor. El éxito no se persigue, ya que, cuando perseguimos algo, nos esquiva. Es como intentar cazar mariposas. De manera que el éxito es lo que acabas atrayendo cuando te *conviertes* en esa persona que quieres ser".

Desde el momento en que asimilé esta filosofía, mi vida y mi crecimiento personal dieron un giro total. Cuando estaba soltero y decidido a encontrar pareja y casarme, escribí una larga lista de los rasgos que deseaba encontrar en la mujer perfecta. Entonces, llené más de 40 páginas de un diario, de principio a fin, para describirla con todo detalle: su personalidad, carácter, cualidades clave, actitudes y filosofía de vida, incluso el tipo de familia del que debía proceder, su cultura, apariencia física y hasta la textura de su cabello. Describí a fondo cómo sería nuestra vida y lo que haríamos juntos. Si entonces me hubiera preguntado a mí mismo qué tenía que hacer para conseguir una chica así, todavía estaría intentando cazar mariposas. En cambio, revisé la lista y me puse a analizar si yo mismo personificaba esas cualidades. Entonces, me pregunté: ¿poseo yo esas mismas cualidades que le exijo a ella? ¿Qué tipo de hombre buscaría una mujer así? ¿Quién debo llegar a ser para atraer a una mujer de esa naturaleza?

A continuación, llené otras 40 páginas más para describir los rasgos, cualidades, comportamientos, actitudes y características que yo mismo necesitaba adquirir para llegar a ser quien me proponía. Después, me esforcé para personificar y conseguir esas cualidades. ¿Y sabes qué pasó? ¡Funcionó! Mi mujer, Georgia, parece sacada de las páginas de mi diario, ya que ella responde 100% a la descripción y requisitos fijados por mí. La clave estuvo en tener claro cómo debía ser yo primero para atraer y conservar a una mujer con todas esas cualidades y luego esforzarme por conseguirlo.

> Para llegar a ser quien queremos ser y lograr lo que deseamos es preciso identificar los malos hábitos que tenemos y los nuevos hábitos que necesitamos adquirir Completa la hoja de evaluación de hábitos que se encuentra al final del libro.

APRENDE A COMPORTARTE

Vamos a planificar el proceso que necesitas seguir para lograr los objetivos que te has propuesto alcanzar. Este es el proceso de *ejecución*, o en algunos casos, el de NO ejecución.

Lo que te separa de tus objetivos es tu *comportamiento*. ¿Qué comportamientos debes abandonar para que *El efecto compuesto* no te arrastre hacia un desastre? Y, por otro lado, ¿qué comportamientos debe introducir en tu vida diaria para cambiar tu actual trayectoria y debes dirigirte en una dirección más beneficiosa? En otras palabras, ¿qué hábitos y comportamientos necesitas eliminar y añadir en tu vida?

Tu vida se resume en esta fórmula:

TU ELECCIÓN + COMPORTAMIENTO + HÁBITO + COMPUESTO = OBJETIVOS
(decisión)   (acción)   (acción repetida)   (tiempo)

Por este motivo, es fundamental identificar los comportamientos que bloquean la ruta hacia nuestros objetivos y aquellos que nos ayudan a lograrlos.

A lo mejor, crees que tienes tus malos hábitos bajo control, pero te apuesto lo que quieras que no es así. En este caso, la técnica de la anotación también es muy eficaz. Por ejemplo, hablemos claro: ¿sabes con exactitud cuántas horas pasas frente al televisor cada día? ¿Cuántas horas pasas viendo noticias, los deportes y la moda, poniéndote al día en los objetivos y logros de los demás? ¿Sabes cuántas latas de refrescos te bebes al día o cuántas horas de trabajo no productivo pasas en el ordenador (Facebook, comentarios en línea, etc.)? Como recalcábamos en el capítulo anterior, lo primero, es ser conscientes de nuestro comportamiento. ¿Cuándo empezaste a relajarte y a desarrollar un mal hábito involuntario que hoy te está llevando por el camino equivocado?

No hace mucho, un próspero ejecutivo con quien colaboro en una junta directiva de una entidad sin ánimo de lucro me contrató para ser su mentor y ayudarle a mejorar su nivel de productividad. Le iba bien, pero él sabía que podía optimizar su tiempo y rendir más con algo de coaching. Entonces, lo insté a que anotara sus actividades durante una semana y una vez más observé algo que encuentro muy a menudo: le dedicaba una cantidad enorme de tiempo a las noticias: 45 minutos por la mañana, leyendo el periódico; 30 minutos, escuchando las noticias en su trayecto al trabajo y la misma cantidad de tiempo cuando conducía de vuelta a casa. Durante el día, leía varias veces las noticias en Yahoo, lo que representaba, mínimo, 20 minutos. Cuando llegaba a casa, veía los últimos 15 minutos de las noticias locales a la vez que saludaba a su familia. Y luego, les dedicaba 30 minutos más a las noticias de deportes y otros 30 al telediario de las 10:00 p.m., antes de acostarse. En total, pasaba 3.5 horas al día informándose. Este hombre no era un economista, ni un comerciante de materias primas. Su trabajo no dependía de las noticias de última hora. De manera que el tiempo que pasaba leyendo el periódico, escuchando noticias en la radio y viendo telediarios superaba con creces al necesario para ser un votante informado o un ciudadano activo en la sociedad; incluso era demasiado para ampliar sus aficiones. En realidad, se beneficiaba muy poco de los programas que elegía (o quizá, de los que no elegía). Entonces, ¿por qué les dedicaba casi cuatro horas al día? La respuesta es: porque era un hábito.

Así las cosas, le sugerí que no encendiera ni la tele, ni la radio, que cancelara la suscripción al periódico y que instalara un sistema RSS para seleccionar y recibir solo las noticias que considerara importantes para sus negocios o aficiones. Con esta simple acción, en cuestión de un instante, se liberó del 95% de todo ese ruido que consumía su tiempo y saturaba su mente. Ahora, podía enterarse de todo lo que le interesaba en menos de 20 minutos al día. De esta forma, esos 45 minutos por la mañana (durante su trayecto al trabajo) y esa hora por la tarde le quedaban libres para realizar actividades productivas como hacer ejercicio, escuchar material instructivo y de autoayuda, leer, planificar, preparar asuntos y pasar más tiempo con su familia, es decir, para disfrutar de más calidad de vida. Hoy en día, me dice que nunca se había sentido menos estresado (escuchar noticias negativas de manera constante causa ansiedad) y más inspirado y centrado que ahora. En conclusión, un pequeño cambio en sus hábitos significó un enorme salto hacia delante que redundó en mayor equilibrio y productividad.

Muy bien, ahora, te toca a ti. Saca tu libreta y escribe tus tres objetivos principales. Luego, haz una lista de los malos hábitos que están impidiéndote progresar en cada aspecto de tu vida. *Anótalos todos.*

Los hábitos y comportamientos nunca mienten. Si hay falta de coherencia entre lo que dices y lo que haces, siempre es más creíble lo que haces; si me dices que quieres llevar una vida sana, pero tienes grasa de patatas fritas en los dedos, creeré más en la grasa de las patatas fritas que en ti; si me dices que mejorar tu vida es una prioridad, pero pasas más tiempo con tu Xbox que en la biblioteca, creeré más en tu Xbox; si dices que eres un profesional entregado, pero llegas tarde a tu trabajo y sin prepararte, tu comportamiento te traiciona. Por último, también dices que tu familia está por encima de todo. Sin embargo, si no la incluyes en tu apretada agenda de negocios, lo que en realidad esto significa es que lo que afirmas con respecto a ella no es cierto. Así que mira bien la lista de tus malos hábitos que acabas de escribir. Esa deberá reflejar la verdad sobre ti. Ahora, es cuestión tuya decidir si te sientes satisfecho o si deseas cambiar.

A continuación, añade a esa lista los hábitos que necesitas adoptar y cuya práctica acumulada conllevará al logro de tus objetivos.

Al redactarla, no se trata de perder energía juzgándote o lamentándote, sino de analizar con lucidez lo que deseas mejorar. Pero no vamos a quedarnos aquí. Más bien, nos enfocaremos en erradicar esos malos hábitos tan destructivos y a cambio instauraremos otros nuevos, más positivos y más sanos.

INNOVAR EN EL JUEGO: CINCO ESTRATEGIAS PARA ELIMINAR LOS MALOS HÁBITOS

Los hábitos se aprenden. Por lo tanto, también se desaprenden. Si deseas navegar por tu vida en una nueva dirección, lo primero que debes hacer es abandonar los malos hábitos que te impidan avanzar. La clave está en hacer que tu motivo sea tan poderoso que logres reprimir el deseo de satisfacción inmediata. Por esta razón, necesitas un nuevo plan de juego. A continuación, te describo mis innovaciones favoritas:

1. Identificar los desencadenantes

Observa tu lista de malos hábitos e identifica qué es lo que provoca cada uno de ellos. Descubre los desencadenantes subyacentes que hay en ese mal comportamiento. Yo los denomino los "cuatro grandes": el quién, el qué, el dónde, y el cuándo. Por ejemplo:

- ¿Tiendes a beber más cuando estás con determinadas personas?

- ¿Existe un determinado momento del día en que te apetece comer algo dulce de manera imperiosa?

- ¿Qué emociones tienden a provocar tus peores hábitos? ¿El estrés, el cansancio, la ira, el nerviosismo, el aburrimiento?

- ¿Cuándo sientes esas emociones? ¿Con quién estás en esos momentos? ¿Dónde estás? ¿Qué estás haciendo?

- ¿Qué situaciones provocan tus malos hábitos? ¿Conducir el auto? ¿El momento antes de una evaluación de rendimiento laboral? ¿Visitar a tu familia política? ¿Las reuniones de trabajo? ¿Los entornos de socialización? ¿La inseguridad por tu aspecto físico? ¿Los plazos de entrega?

- Analiza con detenimiento todos y cada uno de tus hábitos. ¿Qué sueles decir cuando te levantas por la mañana, cuando te tomas un descanso para disfrutar de un buen café o para ir a comer o cuando llegas a casa tras una larga jornada?

Vuelve a sacar tu libreta o elabora una hoja de trabajo que se llame "Acabar con los malos hábitos" y anota allí los desencadenantes. Esta tarea tan sencilla aumentará tu toma de conciencia de manera exponencial. Por supuesto, esto no es suficiente, como ya hemos mencionado. Ser más conscientes de un mal hábito no es suficiente para eliminarlo.

2. Limpiar tu casa

Limpia bien. Lo digo en serio, en sentido literal y figurado. Si quieres dejar de beber, tira a la basura cada gota de alcohol que tengas en casa (y en tu casa de campo, si tienes una). Deshazte de los vasos y de todos los utensilios que usas cuando bebes, incluyendo las aceitunas con las que decoras tus tragos; si quieres dejar de beber café, bota la cafetera y regálale esos paquetes de café selecto a tu vecino somnoliento; si intentas ponerles freno a tus gastos, cancela tus suscripciones a los catálogos y las ofertas de ventas que se cuelan por tu buzón o en tu correo electrónico; así, ni siquiera tendrás que imponerte la disciplina de tener que ir a tirarlos al contenedor de reciclaje; si deseas comer de forma más sana, tira toda la comida chatarra que guardas en la despensa, deja de comprarla y no justifiques su compra, diciendo que no es justo negársela al resto de la familia solo porque tú no la quieres en tu vida. Créeme, toda tu familia se beneficiará. No traigas ese tipo de comida a casa y punto. Deshazte de todo lo que fomente tus malos hábitos.

3. Buscar sustitutos

Observa de nuevo tu lista de malos hábitos. ¿Qué y cómo vas a hacer para cambiarlos y que no sean perjudiciales? ¿Puedes sustituirlos por hábitos más provechosos? ¿O es mejor descartarlos por completo y para siempre?

Quienes me conocen saben que me encanta disfrutar de un dulce a la hora del postre. Si hay helado en casa, el postre se convierte en una banana split con tres bolas de helado y otros ingredientes para adornarlas. En total, vienen siendo unas 1.255 calorías. El hecho es que he sustituido ese mal hábito en mi vida y ahora me como dos bomboncitos que suman unas 50 calorías. De esta forma, satisfago mi inclinación por los dulces sin tener que pasar una hora extra en la cinta de correr para compensar el exceso.

Mi cuñada se acostumbró a comer aperitivos crujientes y salados mientras veía la tele, así que terminaba con una bolsa entera de nachos de maíz casi sin darse cuenta. Entonces, descubrió que, lo que realmente le gustaba era esa sensación crujiente en la boca y decidió sustituir ese mal hábito por comer palitos de zanahoria y apio o brócoli crudo. De ese modo, consiguió sentir la misma satisfacción a la vez que ingería la cantidad de verduras recomendada a diario.

Un chico que trabajaba para mí tenía el hábito de beber ocho latas de Coca Cola Light al día (un hábito realmente MALO). Entonces, le sugerí que mejor bebiera agua con gas baja en sodio con un poco de limón, lima o naranja. Él siguió mi consejo durante un mes y fue así como descubrió que no necesitaba el gas en absoluto, con lo cual pasó a beber agua normal.

4. Tomarlo con calma

Vivo cerca del Océano Pacífico y, cuando me meto en el agua, dejo que, primero, me cubra hasta los tobillos; luego, me adentro un poco más, hasta las rodillas; después, hasta la cintura y el pecho, y finalmente, me zambullo. Algunas personas, simplemente, llegan corriendo y se zambullen de un solo golpe. Me alegro por ellas, pero eso no es para mí. Yo prefiero tomármelo con calma (a lo mejor, este es el efecto de un trauma de mi niñez, como comprobarás en la siguiente estrategia). En el caso de algunos hábitos duraderos y muy enraizados suele ser más eficaz eliminarlos poco a poco. Después de todo, has pasado décadas repitiéndolos, fomentándolos y reforzándolos, por lo tanto, es prudente que te des el tiempo necesario para erradicarlos, paso a paso.

Hace unos años, el médico de mi mujer le recomendó reducir la cafeína durante unos meses. A los dos nos encanta el café y, como ella tenía que hacer ese sacrificio, decidí que era justo hacerlo juntos. Al principio, empezamos "mitad y mitad", tomando una mezcla de café 50% descafeinado y el otro 50% normal durante una semana; luego, pasamos a tomar café 100% descafeinado durante toda una semana; después, té Earl Grey sin teína durante una semana, seguido de té verde, también sin teína. Tardamos un mes en conseguirlo, pero no sufrimos síndrome de abstinencia (dolor de cabeza, somnolencia, desorientación). Bueno… comienzo a temblar de solo pensar en el "mono" que pudo habernos dado.

5. Lanzarse de golpe

No somos todos iguales. Algunos investigadores han descubierto que, contrario a lo que se piensa, hay gente a la que le resulta más fácil cambiar su estilo de vida si cambia muchos malos hábitos a la vez. Por ejemplo, el cardiólogo Dean Orsnich, un pionero en su campo, descubrió que algunas afecciones cardíacas avanzadas podían ser revertidas sin medicación o intervención quirúrgica, realizando cambios drásticos en el estilo de vida de sus pacientes. Además, descubrió que a estos últimos les era más fácil despedirse de golpe de casi todos sus malos hábitos. Por lo tanto, los inscribió en unas sesiones de formación en las cuales ellos sustituyeron su dieta habitual, rica en grasa y colesterol, por una muy baja en grasas. El programa incluyó ejercicio (es decir, arrancarlos del sofá y obligarlos a caminar y correr), técnicas de reducción del estrés y otros hábitos beneficiosos para el corazón. Es increíble, pero, en menos de un mes, estos pacientes abandonaron toda una vida de malos hábitos y adoptaron otros nuevos. Como resultado, su salud mejoró de forma espectacular en un año. En mi opinión, esta es una excepción, no la regla. En todo caso, cada uno debe encontrar la estrategia que mejor le funcione.

Cuando era pequeño, mi familia iba a acampar a un lugar casi desconocido, llamado Lake Rollins. El lago, situado cerca de las sierras al norte de California, recibe el agua de los glaciares derretidos en las montañas del lago Tahoe. El agua es extremadamente fría. Durante nuestra estancia, mi padre se empeñaba en que hiciera esquí acuático en esa laguna polar, de modo que me pasaba todo el día inquieto, aguardando esa temida obligación de tener que meterme en aquel lago helado. Me encantaba el esquí acuático, pero odiaba meterme en el agua fría, un ligero conflicto de intereses que, por supuesto, no podían ir por separado.

Mi padre se aseguraba de que no perdiera el turno, a veces, literalmente, me empujaba al agua. Después de una docena de segundos terribles de casi hipotermia, siempre terminaba encontrando el agua refrescante y tonificante. La expectativa de meterme en el agua era peor que la realidad de lanzarme a ella. Una vez que el cuerpo se aclimataba, el esquí acuático era un total deleite. Sin embargo, el mismo ciclo de temor seguido de alivio se repetía una y otra vez.

Esa experiencia no es diferente a la de abandonar o cambiar un mal hábito. Durante un corto espacio de tiempo, suele parecernos terrible, o al menos, bastante incómodo. Igual que el cuerpo se adapta a un entorno cambiante mediante un proceso conocido como homeostasis, también contamos con una habilidad parecida para adaptarnos a los cambios de comportamiento que nos son desconocidos. Por lo general, solemos amoldarnos bastante rápido a nuevas circunstancias tanto a nivel físico como sicológico.

A veces, no basta con meterse y ya está, no. A veces, hay que lanzarse de lleno. Quiero que te preguntes: "¿Dónde puedo empezar despacio y asumir mi propia responsabilidad? ¿Dónde me siento capaz de dar un salto mayor? ¿Dónde he evitado sentir molestias o incomodidad cuando en el fondo sé que me adaptaría enseguida si decidiera hacerlo sin pensarlo?

Uno de mis antiguos socios tenía un hermano alcohólico que bebía cerveza por montones. Siempre, se metía en peleas y era la animación de todas las fiestas. Bebía a la hora de comer, durante la cena y después también, y así todo el fin de semana sin parar. Un día, asistió a la boda de un antiguo compañero de la universidad y se encontró con el hermano del novio, que era 10 años mayor que él, pero lucía 10 años más joven. Lo observó mientras bailaba, reía y disfrutaba en la boda, emanando una vitalidad que él no había tenido en años. En ese mismo momento, este hombre decidió que no volvería a probar una gota de alcohol. En cuanto se le pasó el mono, nunca más volvió a beber. Han pasado seis años y sigue sin hacerlo.

Cuando se trata de cambiar malos hábitos en el hogar, me lo tomo con calma (metafóricamente hablando, meto un solo dedo en el agua). Sin embargo, en mi vida profesional, zambullirme de golpe me es mucho más eficaz. Tomármelo con calma no suele funcionarme cuando me entrego a un nuevo negocio o trato con nuevos clientes potenciales, socios o inversores. En estos casos, pienso en Lake Rollins y sé que es duro al principio, pero recuerdo que, al poco tiempo, la experiencia será estimulante y el malestar temporal habrá merecido la pena.

CONTROLA LOS VICIOS

No estoy sugiriendo que elimines todo lo "malo" de tu vida. Todo es bueno con moderación. Pero, ¿cómo identificas cuando un mal hábito empieza a controlarte? Yo soy partidario de poner a prueba mis vicios. De vez en cuando, me embarco en lo que llamo "ayunos de vicios". Elijo uno en concreto y compruebo si en esa particular relación todavía soy yo quien manda. Mis vicios son el café, el helado, el vino y las películas. Ya te he contado sobre mi obsesión por el helado. Con respecto al vino, quiero asegurarme de que, cuando lo beba, sea porque quiero disfrutarlo o porque estoy celebrando algo y no porque estoy ahogando en él mi mal humor.

Cada tres meses, elijo un vicio y me abstengo de él durante 30 días (quizás, esté siendo influenciado por la Cuaresma, presente en mi educación católica). Me encanta demostrarme a mí mismo que todavía mantengo el control. Te aconsejo que tú también pongas en práctica este tipo de abstinencia. Elije un vicio, algo que hagas con moderación, pero que no te aporta mucho, y embárcate en un ayuno de 30 días. Si te resulta muy difícil abstenerte durante ese tiempo, lo más probable es que hayas encontrado un hábito que sería mejor eliminar por completo.

INNOVACIONES EN EL JUEGO: SEIS TÉCNICAS PARA ESTABLECER

BUENOS HÁBITOS

Ya te he ayudado a eliminar los malos hábitos que te llevaban en la dirección equivocada. Ahora, necesitamos crear nuevas opciones y comportamientos que te conduzcan a cumplir tus mayores anhelos. Eliminar malos hábitos significa librarte de algo rutinario. Establecer hábitos nuevos y más eficaces requiere de habilidades diferentes. Debes plantar el árbol, regarlo, abonarlo y asegurarte de que esté bien arraigado. El proceso exige esfuerzo, tiempo y práctica. A continuación, te describo mis técnicas favoritas para establecer buenos hábitos.

John C. Maxwell, un experto en liderazgo, decía: "Tu vida nunca cambiará, a menos que cambies actividades que hagas a diario. El secreto del éxito se encuentra en la rutina diaria". Los trabajos de investigación muestran que, para que un nuevo hábito se convierta en una práctica involuntaria, debes reafirmarlo positivamente 300 veces (eso supone casi un año de práctica diaria). Por fortuna, como ya antes expliqué, sabemos que tenemos mayores posibilidades de implementar un nuevo hábito si nos esforzamos a conciencia durante tres semanas. Esto significa que, si le prestamos una atención especial a un nuevo hábito diario durante tres semanas, tendremos más probabilidades de convertirlo en una práctica para el resto de nuestra vida.

La verdad es que todos tenemos la capacidad de desarraigar hábitos en un segundo, así como pasarnos 10 años intentando erradicarlo. La primera vez que tocaste un horno caliente, supiste de inmediato que no lo convertirías en un hábito. La impresión y el dolor fueron tan intensos que en cuestión de un instante decidiste no volver a tocarlo nunca más y supiste que serías consciente del peligro de los hornos calientes para el resto de tu vida. Por consiguiente, la clave está en tomar conciencia. Si en verdad deseas mantener un buen hábito, debes prestarle atención, por lo menos, una vez al día. De esa forma, será más probable que logres conservarlo para siempre.

1. Prepararte para triunfar

Los nuevos hábitos deben encajar tanto en tu vida como en tu modo de vivir. Si te inscribes en un gimnasio que está a 50 kilómetros de tu casa, seguro que no irás. Si eres una persona nocturna y el gimnasio cierra a las 6:00 de la tarde, no te convendrá. En definitiva, el gimnasio tiene que estar cerca de donde vivas y ajustarse a tu horario. Si deseas perder peso y comer sano, tendrás que asegurarte de que tu refrigerador y tu despensa contengan opciones sanas. ¿Quieres evitar atiborrarte de chucherías de la máquina expendedora cuando te entra el hambre a media mañana? Pues mantén frutos secos y otras opciones sanas en el cajón de tu escritorio. Cuando nos da un ataque de hambre solemos lanzarnos a comer hidratos de carbono de bajo poder nutritivo. Una estrategia que utilizo es tener proteínas a mano. Cocino un montón de pollo el domingo y lo dejo empaquetado, listo para el resto de la semana.

Mi adicción al correo electrónico es uno de mis peores hábitos, puesto que afecta mi nivel de atención. No es ninguna broma. Si no me propongo firmemente mantenerme organizado y atento en mis actividades diarias, sé que perderé horas de concentración día tras día, inmerso en el torrente de mensajes que inundan mi correo. Para establecer una disciplina alrededor de mi nuevo hábito (revisar mi correo solo tres veces al día) deshabilité las alarmas y las funciones de recepción automática y cierro el programa cuando no estoy en uno de esos tres espacios de tiempo asignados. En otras palabras, sé que tengo que levantar muros alrededor de ese mal hábito que me absorbe tanto tiempo por temor a seguir cayendo en la tentación todo el día.

2. Añadir, no quitar

Cuando entrevisté a Montel Willian para *SUCCESS*, él habló de la dieta tan estricta que sigue a causa de una enfermedad que padece, llamada esclerosis múltiple. Montel ha adoptado el

"Principio de los Complementos", que en mi opinión, es una herramienta muy eficaz para cualquiera que se fije objetivos.

Me explicó que no se trata de lo que excluyes de tu dieta, sino de lo que añades en su lugar. Esta analogía él la aplica a todos los aspectos de su vida. En lugar de pensar en alimentos que debe excluir de su dieta (p.ej. "No puedo comer hamburguesa, chocolate o lácteos"), piensa en alimentos que sí puede comer (p.ej. "Hoy, comeré ensalada, verduras al vapor y unos higos frescos"). Es decir, se centra en aquello que puede comer y, de ese modo, no le presta atención a lo que no debe. En lugar de centrarse en lo que tiene que sacrificar, Montel piensa en lo que puede "añadir". Así, el resultado es mucho más eficaz.

Un amigo mío quería abandonar el mal hábito de ver demasiada televisión. Para ayudarle, le pregunté qué le gustaría hacer con tres horas libres de su tiempo, si las tuviera. Me respondió que le gustaría jugar más con sus hijos. También le pedí que eligiera una afición que deseara desarrollar. Entonces, eligió la fotografía y, como le encanta la tecnología, se compró un equipo de edición muy sofisticado que llevaba consigo muy contento para sacar buenas fotos de sus hijos cuando salía de excursión con su familia. Después, por la tarde, pasaba horas y horas editando y montando presentaciones de diapositivas y álbumes de fotos para el disfrute familiar. En síntesis, él y su familia terminaron pasando más tiempo juntos, riéndose y recordando cuánto se habían divertido. Como se centró tanto en la fotografía, ya no tenía tiempo, ni ganas de ver televisión por la noche. La había estado utilizando para evadirse, porque esa era una forma sencilla de escapar mentalmente del estrés laboral. Al sustituir la televisión con nuevos hábitos (jugar con sus hijos, dedicarse a la fotografía) descubrió aficiones mucho más impactantes y enriquecedoras.

¿Qué puedes tú "añadir" para enriquecer tu estilo de vida?

3. Hacer una demostración pública de responsabilidad

Visualiza la ceremonia oficial de toma de posesión de un político: "Juro solemnemente..." y luego viene el discurso donde él asegura que sus promesas de la campaña electoral se convertirán en realidad. Cuando esas afirmaciones son del dominio público, ese individuo sabe que lo haremos responsable de las acciones que traicionen sus promesas o lo elogiaremos por su avance hacia los objetivos marcados.

¿Quieres consolidar ese nuevo hábito que has elegido? Pídele al Gran Hermano que te vigile. Nunca había sido tan fácil como ahora, con todos esos medios sociales a nuestra disposición. Me contaron la historia de una mujer que decidió controlar sus finanzas mediante una bitácora (o blog) de sus gastos diarios. Allí, invitó a su familia, amigos y compañeros del trabajo a que supervisaran su forma de gastar y claro, al encontrarse bajo el escrutinio de tanta gente, se volvió más responsable y disciplinada con sus finanzas.

En una ocasión, le ayudé a una compañera a dejar de fumar, contándoselo a todo el mundo en la oficina: "¡Atención! Elena ha decidido dejar de fumar, ¿no es estupendo? Acaba de fumarse el último cigarro". Al instante, colgué un calendario enorme en la sección donde ella trabajaba. Cada día que pasaba sin fumar, Elena pintaba una gran X roja en el calendario. Sus compañeros observaron esta acción y empezaron a animarla y así ella acumuló una gran cantidad de X rojas en la lista que cobró vida por sí misma, pues Elena no quería decepcionar a su lista, ni a sus compañeros, ni a sí misma. ¡Pero sí decepcionó a los cigarros, ya que logró dejar de fumarlos!

Por lo tanto, díselo a tu familia y amigos. Publícalo en Facebook y Twitter. Haz circular la noticia de que ahora en tu vida manda otro y que ese otro eres tú.

4. Buscar el apoyo de un amigo

Hay pocas cosas con tanto empuje como dos personas agarradas del brazo encaminándose hacia una meta. Para aumentar tu posibilidad de triunfar, búscate un amigo, alguien ante quien tengas que rendir cuentas, que te ayude a consolidar tus nuevos hábitos y a quien puedas devolverle el favor. Yo, por ejemplo, tengo lo que llamaría un "colaborador de rendimiento máximo". Todos los viernes, a las 11:00 de la mañana en punto, hacemos una llamada de 30 minutos en la que intercambiamos información de nuestros altos y bajos, soluciones y aclaraciones. Nos solicitamos opiniones mutuas que veamos necesarias y nos rendimos cuentas el uno al otro. Así que tú también puedes buscarte un amigo para pasear, correr, ir al gimnasio o para intercambiar y charlar de libros de desarrollo personal.

5. Competencia y camaradería

No hay nada como un concurso amistoso para estimular el espíritu competitivo y sumergirte en los nuevos hábitos a lo grande. El Dr. Mehmet Oz dijo en una entrevista: "Si camináramos 1.000 pasos más al día, cambiaríamos nuestra vida". VideoPlus, la compañía matriz de *SUCCESS*, organizó una competencia de recuento de pasos con podómetros ajustables al calzado. Me sorprendió mucho que individuos que nunca habían hecho ejercicio por su propia salud o beneficio, de repente, decidieran caminar seis, ocho o diez kilómetros al día. A la hora de comer, caminaban por el parqueadero y, si tenían una reunión por teléfono, lo hacían desde el móvil a la vez que caminaban. La competencia los motivó a encontrar formas de aumentar su actividad. Los unos a los otros se registraban los pasos y todos en la oficina podían ver quién se rezagaba y quién avanzaba. Las anotaciones de pasos aumentaban todos los días.

En cuanto la competencia terminó, me sentí asombrado al observar que el recuento de pasos se vino abajo por completo, más del 60% en un mes. Y cuando esta se volvió a organizar, el recuento de pasos se disparó otra vez. En conclusión, solo hacía falta un poco de competitividad para mantener los motores acelerados y, por si fuera poco, se fomentó un maravilloso espíritu de comunidad, experiencia compartida y camaradería.

¿Qué tipo de competencia amistosa podrías organizar con tus amigos, colegas o compañeros de equipo? ¿Cómo podrías inyectar rivalidad divertida y espíritu competitivo en tus nuevos hábitos?

6. ¡Hay que celebrar!

Ya lo dice el refrán: "No por mucho madrugar amanece más temprano". Solo trabajo sin diversión llega a aburrirnos y es la fórmula para sufrir una recaída. Debemos dedicar tiempo a disfrutar y celebrar los logros que vamos consiguiendo. No es bueno sacrificarnos sin obtener beneficios. Debemos premiarnos cada mes, cada semana, cada día, aunque sea con algo insignificante. El caso es reconocer nuestro esfuerzo por mantener un nuevo comportamiento. Puede ser un paseo, tomar un baño relajante o leer algo que nos divierta. Para hitos más importantes, reserva un masaje o ve a cenar a tu restaurante favorito. Además, prométete una gran recompensa cuando consigas completar tu hazaña.

CAMBIAR ES DIFÍCIL: ¡YUPI!

Existe algo en común entre el 99% de los perdedores y los triunfadores: que todos odian hacer las mismas cosas. La diferencia es que los triunfadores las hacen de todos modos. Cambiar es difícil. Ese es el motivo por el que mucha gente no transforma sus malos hábitos y la razón por la que hay tantas personas infelices y con mala salud.

Lo que más me fascina de esta realidad es que, si cambiar fuera fácil y todo el mundo lo pusiera en práctica, sería mucho más difícil destacarnos y triunfar. Lo ordinario es fácil, lo extraordinario es lo que nos separa de la masa.

Personalmente, las dificultades siempre me hacen feliz. ¿Por qué? Porque sé que la mayoría de la gente no se esforzará por superarlas y, por lo tanto, es más fácil para mí ponerme al frente y tomar la iniciativa. Me encanta lo que dijo el Dr. Martin Luther King Jr. con tanta elocuencia: "Un hombre se mide, no por dónde se encuentra en los momentos de bienestar y comodidades, sino por dónde se encuentra en los momentos de reto". Cuando continuamos, a pesar de la dificultad, el cansancio y la adversidad, es cuando conseguimos mejorar y sacar ventaja en medio de la competencia. Aunque sea duro o tedioso, hazlo de todos modos. La perseverancia y la magia del efecto compuesto te recompensarán en gran manera.

TEN PACIENCIA

Cuando abandones malos hábitos e introduzcas nuevos, recuerda que debes tener paciencia. Si has repetido el comportamiento que deseas cambiar durante 20, 30, 40 años o más, debes suponer que te llevará tiempo y esfuerzo antes de ver resultados duraderos. La ciencia nos enseña que los modelos de pensamiento y acción, repetidos muchas veces, crean un diseño neuronal, "surco cerebral" o conjunto de neuronas interconectadas que transmiten los modelos de pensamiento de un hábito concreto. Los hábitos se benefician de la atención. Cuando les prestamos atención a nuestros hábitos, activamos el diseño neuronal, lo cual libera pensamientos, deseos y acciones relacionadas con ese hábito. Por fortuna, el cerebro es maleable. Si dejamos de prestarles atención a nuestros malos hábitos, esos diseños neuronales se debilitarán. Cuando formamos nuevos hábitos, reforzamos los nuevos diseños neuronales con cada repetición hasta que estos dominan a los antiguos.

Crear nuevos hábitos (y crear nuevos diseños neuronales) lleva tiempo. Ten paciencia. Si sufres un bajón, no le des importancia (no te tortures) y vuelve a la carga. No pasa nada, todos sufrimos contratiempos. Es cuestión de intentar otra estrategia que refuerce tu capacidad de entrega y tu constancia. Si sigues insistiendo, te beneficiarás bastante. A propósito de beneficios, en el siguiente capítulo es donde en realidad empiezas a destacarte entre la multitud, donde el efecto multiplicador toma verdadera forma. Después de todo ese disciplinado esfuerzo que has aplicado, siguiendo los principios de los tres primeros capítulos, es hora de obtener la recompensa. ¡Un gran momento!

Resumen de las acciones por practicar

- Identifica cuáles son tus tres mejores hábitos (los que apoyan tu objetivo más importante).

- Identifica tres malos hábitos que te desvían del curso trazado para conseguir tu objetivo más importante.

- Identifica tres nuevos hábitos que necesitas desarrollar para encaminarte hacia tu objetivo más importante.

- Identifica cuál es tu motivación esencial. Descubre qué es aquello que te estimula y anima a conseguir grandes resultados.

- Busca cuál es tu motivación. Diseña objetivos concisos, persuasivos, dignos de admiración.

CAPÍTULO 4

MOMENTUM

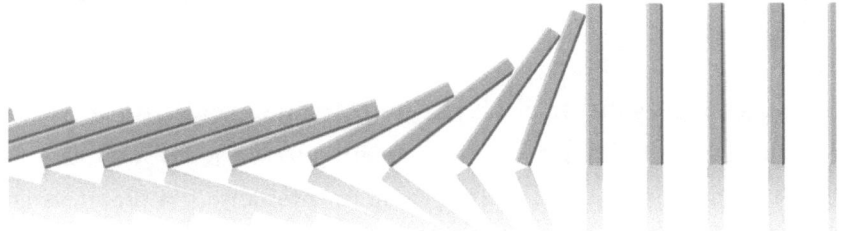

Quiero presentarte a un buen amigo mío. Este amigo —que también es íntimo de Bill Gates, Steve Jobs, Richard Branson, Michael Jordan, Lance Armstrong, Michael Phelps, y de todos los grandes triunfadores— influirá en tu vida como nadie. Se trata de Mo, o "Gran Mo", como prefiero llamarlo. Sin lugar a dudas, Gran Mo es uno de los impulsores más enigmáticos y poderosos del éxito. No podrás verlo, ni sentirlo, pero sabrás cuándo está a tu lado. No esperes que Mo se presente en cualquier ocasión, pero cuando lo hace, puede catapultarte hasta las más altas esferas del éxito. Una vez que Mo esté de tu lado, no habrá forma de que nadie te alcance en tu carrera hacia cumplir tus metas.

Estoy emocionado con este capítulo. Cuando pongas en práctica las ideas esbozadas a continuación, tu recompensa será mil veces mayor (o incluso más) que el precio de este libro. Fuera de bromas, estas ideas son verdaderamente GRANDIOSAS.

APROVECHA EL IMPULSO DE GRAN MO

Supongo que no habrás olvidado del todo las clases de física de la secundaria, ¿verdad? Entonces, te acordará de la primera Ley de Newton, conocida como la Ley de la Inercia: todo cuerpo permanece en su estado de reposo o de movimiento rectilíneo uniforme, a menos que otras fuerzas actúen sobre él. En otras palabras, los zánganos tienden a quedarse apoltronados en el sofá y los triunfadores (la gente que se deja llevar por el ritmo del éxito) trabajan duro y acaban triunfando cada vez más.

No es fácil generar el citado momentum, pero una vez que lo consigues, ¡cuidado! ¿Recuerdas cuando de niño jugabas en el carrusel del parque? Tus amigos se montaban en la plataforma giratoria, cargándola con su peso y empezaban a animarte mientras tú empujabas hasta poner en movimiento el carrusel. La puesta en marcha era lenta. Ese primer paso, hacerlo arrancar, era la parte que exigía más esfuerzo de tu parte. Tenías que empujarlo y arrastrarlo, hacías muecas, dejabas escapar gruñidos y empleabas a fondo tu fuerza física. Un paso, dos pasos, tres pasos y parecía que no conseguías nada hasta que, por fin, después de un prolongado y arduo esfuerzo, lograbas un poco de velocidad y corrías a la par del carrusel. Aunque este ya se estaba moviendo (y tus amigos te seguían animando a voces), para lograr la velocidad que deseabas, tenías que seguir corriendo cada vez más rápido, tirando del carrusel mientras corrías con todo tu ímpetu y al final, ¡lo conseguías! Te montabas de un salto y te unía a tus amigos, disfrutabas del viento en la cara y observabas el mundo exterior, convertido en una mancha de colores. Después de un rato, cuando el carrusel empezaba a perder velocidad, te bajabas de él y corrías a su lado para acelerarlo de nuevo o le pegabas un par de empujones y te montabas otra vez. Una vez que el carrusel giraba a toda marcha, el momentum –o impulso– tomaba el relevo y facilitaba que este se mantuviera a esa velocidad.

Pues bien, te diré que adoptar cambios es similar. Avanzas con un pequeño paso, una sola acción a la vez. La evolución es lenta, pero cuando un nuevo hábito aparece y se hace notar, Gran Mo se une a la fiesta. El éxito y los resultados se acumulan rápidamente. (Observa la Figura 8).

Figura 8

Se necesita tiempo y energía para que Big Mo aparezca, pero cuando lo hace, el éxito y los resultados se acumulan con rapidez.

Cuando se lanza un cohete al espacio sucede lo mismo. El trasbordador espacial utiliza más combustible durante los primeros minutos de vuelo que en el resto del viaje. ¿Por qué? Porque necesita liberarse de la fuerza de gravedad. En cuanto lo hace, puede deslizarse en la órbita. ¿Qué fue lo más difícil? Despegar. De ese mismo modo, tus antiguos comportamientos y condicionamientos son como la inercia del carrusel o la fuerza de gravedad. Todos quieren permanecer en reposo. Por lo tanto, necesitarás mucha energía para vencer a la inercia y poner en marcha tus nuevas iniciativas. Pero en cuanto consigas ese momentum, será muy difícil frenarte y te volverás casi invencible. Y aunque con el tiempo te esfuerces mucho menos, siempre lograrás mejores resultados. ¿Te has preguntado alguna vez por qué la gente con éxito tiende a atraer más éxito… a enriquecerse más… a ser más feliz? ¿Será que los afortunados se vuelven más afortunados?

La respuesta a estos interrogantes es que ellos tienen a Mo de su parte. Para ellos, cuando llueve, no solo llueve, diluvia.

El momentum funciona en ambos lados de la ecuación, es decir, a tu favor o en tu contra. Como *El efecto compuesto* siempre está en marcha, si hay hábitos negativos sin controlar, tiende a generarse una energía que te conduce hacia una espiral de circunstancias y consecuencias desafortunadas. Eso fue lo que le ocurrió a nuestro amigo Bruno en el Capítulo 1. El momentum negativo generado por sus malos hábitos fue la causa de que él engordara 15 kilos y el motivo del estrés que afectó su trabajo y su matrimonio. La Ley de la Inercia afirma que todo cuerpo en reposo tiende a permanecer en reposo (ese es *El efecto compuesto* funcionando en tu contra). Cuanto más tiempo pases recostado en el sofá, viendo *Two and a Half Men*, más difícil será ponerte en movimiento. Así que empieza ¡ahora mismo!

¿Qué puedes hacer para que Mo venga a verte? Debes propiciarlo. Entrarás en una buena dinámica si pones en práctica lo que hemos mencionado hasta ahora, es decir:

1. Tomar decisiones basadas en tus objetivos y valores esenciales

2. Poner en práctica esas elecciones, mediante nuevos comportamientos positivos

3. Repetir esas acciones positivas durante el tiempo suficiente como para que se conviertan en hábitos

4. Introducir rutinas y ritmos en tus disciplinas diarias

5. Perseverar y ser constante durante un tiempo suficientemente largo

Verás que, de repente, ¡bum! Gran Mo aparecerá tocando a tu puerta (lo cual es bueno) y entonces serás, prácticamente, imparable.

Piensa en el nadador Michael Phelps, ganador de ocho legendarias medallas de oro en los Juegos Olímpicos de Beijing.

¿Cómo lo hizo? Durante los 12 años de entrenamiento con su preparador, Bob Bowman, Phels perfeccionó sus talentos. Juntos, desarrollaron rutinas y ritmos, una constancia de ejecución que preparó a Phelps para capturar el momentum en la situación adecuada: los Juegos Olímpicos. La relación casi simbiótica entre Phelps y Bowman es legendaria por su alcance y ambición, pero también porque era totalmente previsible. Bowman exigía tal regularidad en los entrenamientos, que Phelp siempre recordará una ocasión en que Bowman lo dejó terminar15 minutos antes su entrenamiento, porque tenía que prepararse para un baile del colegio. ¡Esa fue la única vez en 12 años! No me extraña que Phels fuera invencible en la piscina.

Es probable que tengas un iPod. ¿Te has detenido alguna vez a pensar en la evolución de ese aparatito hasta que llegó a tu bolsillo?

La empresa Apple ya existía mucho antes de lanzar los iPod. Aunque los ordenadores Mac siempre han tenido fieles seguidores, constituyen un porcentaje mínimo del mercado total de los PC. Desde luego, el iPod no era el primer reproductor mp3 a la venta y, en ese sentido, Apple se había quedado rezagada. Sin embargo, contaba con algo que estaba de su parte: su esfuerzo constante por mantener la lealtad de sus clientes y una dedicación tenaz a la máxima calidad y los diseños innovadores sin complicaciones. La empresa fabricó un reproductor mp3 sencillo, moderno y fácil de usar, y lo promocionó con campañas publicitarias ingeniosas y divertidas. La estrategia funcionó y provocó cierta reacción en el mercado.

Sin embargo, el iPod no tuvo un éxito instantáneo. En 2001, el año en que Apple lo lanzó al mercado, el crecimiento de sus ingresos había descendido de un 30%, alcanzado el año anterior, a un -33%. Al año siguiente, en 2002, también obtuvo un crecimiento de ingresos negativo del -2%, aunque en 2003, remontó hasta un 18%. En 2004, tuvo un crecimiento del 33% y, en 2005, Gran Mo hizo su entrada triunfal en la empresa y Apple se disparó y registró un crecimiento de ingresos del 68%. En la actualidad, controla el 70% del mercado de reproductores mp3. Como ya sabrás, desde entonces, Gran Mo les ha ayudado a dominar el mercado de los teléfonos inteligentes con el iPhone y el de distribución de música digital con iTunes. Este momentum también ha impulsado el resurgimiento de su mercado original, que son los ordenadores personales. Con Gran Mo de su parte, no me extrañaría nada que lograra una nueva expansión hacia otros mercados.

Durante un tiempo, Google era un pequeño buscador, luchando abrirse camino. Hoy, posee el 60% de su mercado. YouTube, el espacio para compartir vídeos, se creó en febrero de 2005. Su lanzamiento oficial no tuvo lugar, sino hasta noviembre de ese año. La gente no empezó a visitar este espacio a nivel masivo, sino hasta la presentación del corto digital Lazy Sunday, que había sido retransmitido en el programa estadounidense Saturday Night Live. A partir de ese momento, el corto de YouTube se hizo muy popular y alcanzó más de 5 millones de visitas antes de que NBC (la empresa de televisión y radio) pidiera que lo retiraran. Para entonces, YouTube ya había despegado, pues tenía a Mo de su lado. En la actualidad, YouTube posee más del 60% del mercado de vídeos. Entonces, Google se reunió con los dos jóvenes fundadores de YouTube y les pagó $1.650 millones de dólares por la compra de su Mo. ¡Impresionante!

En síntesis, ¿qué tienen en común Michael Phelps, Apple, Google y YouTube? La respuesta es que todos ellos hacían lo mismo antes y después de alcanzar su momentum. Sus hábitos, disciplinas, rutinas y su constancia fueron la clave para desatarlo. Y así es cómo han sido invencibles desde que Gran Mo apareciera en su fiesta.

EL PODER DE LA RUTINA

Algunas de nuestras mejores intenciones fracasan, porque no aplicamos una ejecución sistemática. Para que las nuevas actitudes y comportamientos provoquen auténticos cambios positivos deben ser incorporados a nuestras rutinas diarias, semanales y mensuales. Una rutina es una actividad que debe repetirse todos los días sin falta (igual que cepillarnos los dientes o abrocharnos el cinturón) hasta que la ejecutamos sin pensarlo. Es parecido a lo que ya tratamos en el capítulo sobre los hábitos; si te fijas en algo en lo que hayas triunfado, verás que lo más seguro es que desarrollaste una rutina para ello. Por esta razón, las rutinas nos evitan el estrés, pues transforman las acciones en ejecuciones automáticas y eficaces. De modo que, para alcanzar nuevas metas y desarrollar nuevos hábitos es necesario crear nuevas rutinas que respalden tus objetivos.

Cuanto mayor sea el reto, más rigurosa debe ser la rutina.

¿Alguna vez te has preguntado por qué los entrenamientos militares son tan arduos? En ellos, tareas menores como hacer la cama, sacarles brillo a los zapatos o ponerse firme son actividades bastante importantes. Crear rutinas con el fin de preparar a los soldados para el combate es la manera más efectiva de potenciar un rendimiento eficaz, productivo y responsable bajo una presión muy intensa. Las rutinas, a primera vista tan simples, y creadas y desarrolladas durante los entrenamientos básicos, son tan exactas que, entre 8 y 12 semanas, tímidos adolescentes de cuerpos flácidos y desaliñados se transforman en soldados delgados, seguros de sí mismos y motivados para realizar misiones. Estas rutinas se ensayan con tal precisión que los jóvenes cadetes son capaces de actuar con precisión y de manera instintiva durante el caos del combate. Este nivel tan intenso de entrenamiento y práctica prepara a los soldados para cumplir con su deber, incluso ante la amenaza de una muerte inminente.

Ahora mismo, tu vida diaria no debe ser tan peligrosa, pero, sin unas rutinas adecuadas incorporadas a tu calendario, los resultados que obtengas podrían ser incontrolables e innecesariamente difíciles. De modo que desarrollar una rutina de disciplinas diarias y previsibles te preparará para salir victorioso en este campo de batalla que es la vida.

El golfista Jack Nicklaus era famoso por la rutina que ejecutaba antes de sus golpes. Era muy minucioso con su "ritual": unos pasos mentales y físicos que le ayudaban a concentrarse y prepararse para cada golpe. Jack empezaba detrás de la bola y luego elegía una o dos posiciones intermedias entre la bola y el objetivo. Mientras caminaba y se acercaba a la bola, lo primero que hacía era alinear la cara del palo con el objetivo intermedio. No ponía los pies en posición hasta asegurarse de que la cara del palo estaba preparada adecuadamente. Entonces, adoptaba su posición, hacía oscilar el palo, miraba el objetivo, volvía a mirar el objetivo intermedio y el palo de golf y repetía esta rutina. Solo hasta entonces, golpeaba la bola.

En uno de los torneos más importantes (conocidos como Majors), un sicólogo cronometró a Nicklaus desde que sacaba el palo de la bolsa hasta que golpeaba la bola. ¿Y sabe lo que descubrió? Para cada golpe, desde el primer hoyo hasta el green 18, el tiempo que Jack le dedicaba a su rutina no excedía ni un segundo. ¡Sorprendente! El mismo sicólogo cronometró también a Greg Norman durante su desafortunada derrota en los Masters de 1996. ¡Quién lo iba a decir! La rutina de preparación para sus golpes se aceleró a medida que él avanzaba en su recorrido. La variación de la rutina frenó su ritmo y su constancia y no fue capaz de alcanzar el momentum. En cuanto cambió la rutina, la ejecución se volvió imprevisible y sus resultados fueron irregulares.

Los pateadores (o *kickers*) del fútbol americano valoran mucho las rutinas previas a los saques, porque les permiten sincronizarse con los miles de veces que realizaron esa misma acción. De manera previsible, si no ejecutan esa rutina previa al saque, su rendimiento se resiente en gran medida en momentos de presión. Por su parte, los pilotos siempre realizan comprobaciones preliminares antes de despegar, aunque tengan miles de horas de vuelo y vayan a pilotear un avión que acaba de pasar una revisión de rendimiento tras su último viaje. Esta rutina prepara el avión, pero, sobre todo, le ayuda al piloto a concentrarse y prepararse para su inminente tarea.

He observado que todos los triunfadores y empresarios con los que he trabajado no solo tienen buenos hábitos. También han desarrollado rutinas para realizar disciplinas diarias necesarias. Esa es la única forma que tenemos de poder regular nuestro comportamiento de forma previsible. No hay otro modo. Una rutina diaria basada en buenos hábitos y disciplinas separa a los triunfadores del resto de la gente. Las rutinas tienen un poder enorme.

Antes de crear rutinas provechosas y efectivas, primero, debes decidir qué comportamientos y hábitos deseas implementar. Revisa los objetivos que te fijaste en el Capítulo 3, junto con los comportamientos que deseas añadir y excluir. Ahora, es tu turno de ser Jack Nicklaus y encontrar tu mejor rutina de preparación. Incluye componentes con un propósito preciso. En cuanto establezcas una rutina, digamos, por la mañana, quiero que te la tomes muy en serio hasta nuevo aviso. Te levantarás y la pondrás en práctica sin discutir. Si te interrumpen, empiezas de nuevo para consolidar los cimientos de las acciones que vienen a continuación.

PLANIFICA EL PRINCIPIO Y EL FINAL DEL DÍA

La clave para llegar a ser el #1 en todo lo que te propongas reside en preparar tu rendimiento en torno a rutinas de primera clase. Predecir o controlar lo que pueda pasar a lo largo de tu jornada laboral es difícil e incluso inútil. Sin embargo, casi siempre, puedes controlar cómo vas a empezar y finalizar el día. Yo tengo rutinas para ambos momentos. De modo que compartiré contigo aspectos de cada una para darte ideas y ayudarte a entender mejor el poder y la importancia de convertir los nuevos comportamientos en rutinas disciplinadas. Personalmente, los estructuro de acuerdo con los objetivos que tengo en mente. Quizá, mostrarte lo que me funciona te ayudará a identificar estrategias que te gustaría probar.

¡ARRIBA Y A ESPABILARTE!

Mi rutina mañanera equivale al ritual de preparación de Jack Nicklaus. Es decir, me pone a punto para el resto del día. Como ocurre cada mañana, esta es fija y no tengo que pensar lo que voy a hacer. La alarma de mi iPhone suena a las 5:00 a.m. en punto (debo confesar que a veces son la 5.30 a.m.) y pulso el botón de posponer. A partir de ese momento, sé que tengo ocho minutos hasta que vuelva a sonar. ¿Por qué ocho minutos? ¡No tengo ni idea, pregúntaselo a Steve Jobs, él lo programó de ese modo! Durante esos ocho minutos, hago tres cosas: primero, pienso en todo aquello por lo que debo dar gracias. Para mí, esa es una forma de crear armonía mental con la riqueza. El mundo parece, actúa y responde de forma diferente cuando uno empieza el día con un sentimiento y una inclinación hacia la gratitud por lo que uno ya tiene. En segundo lugar, y puede que te parezca un poco extraño, le transmito mi amor a alguien. Para recibir amor hay que darlo y una de las cosas que más deseo es amor. Para transmitir amor pienso en una persona (un amigo, un familiar, un compañero de trabajo o en alguien que acabo de conocer en el supermercado, no importa) y le envío mi cariño, imaginando todo lo que le deseo y espero para ella. Algunos lo interpretan como una bendición u oración, yo lo llamo una carta mental de amor. En tercer lugar, pienso en mi objetivo primordial y decido qué tres cosas voy a aportar ese día para acercarme a su consecución. Por ejemplo, ahora mismo, mi objetivo número uno es profundizar en el amor y la intimidad de mi matrimonio. Cada mañana, planifico tres cosas que puedo hacer para asegurarme de que mi esposa se siente amada, respetada y bella.

Cuando me levanto, pongo la cafetera y, mientras está el café, hago estiramientos durante unos 10 minutos —algo que aprendí del Dr. Oz, el famoso cirujano—. Si siempre haces ejercicios de levantamiento de pesas, como yo, sabrás que los músculos se agarrotan. La única forma de incorporar estiramientos era convirtiéndolos en una rutina. De modo que tenía que buscar un espacio en mi agenda y el tiempo de espera por el café me pareció tan aceptable como cualquier otro. Tras realizar los estiramientos, y después de servirme una taza de café, me siento en un cómodo sillón reclinable de cuero, pongo mi iPhone para que suene en 30 minutos (ni más, ni menos) y leo algo positivo e instructivo. Cuando suena la alarma, paso a ocuparme de mi proyecto más importante y trabajo en él durante una hora, dedicándole atención plena y sin distracciones (observa que todavía no he abierto el correo electrónico). Luego, todas las mañanas, a las 7:00 en punto, tengo lo que llamo mi "cita de calibración", una rutina recurrente en mi calendario, en la que paso 15 minutos evaluando el día. Ese es el momento en que les doy un repaso a mis tres objetivos principales a tres años y a cinco años vista, a mis objetivos clave trimestrales y a mi objetivo principal mensual y semanal. La mayor parte de esta "cita de calibración" la empleo en revisar (o establecer) mis tres prioridades más preciadas o *MVP (Most Valuable Priorities)* para ese día. Para ello, me pregunto: "Si solo hiciera tres cosas hoy, ¿qué acciones obtendrían el mejor resultado para acercarme a mis grandes objetivos?". Luego, y solo entonces, abro el correo electrónico y le envío a mi equipo de trabajo un montón de tareas y asignaciones para que empiece su jornada. Después, cierro rápidamente el correo y me pongo a trabajar en mis *MVP*.

El resto del día puede desarrollarse de mil formas diferentes, pero siempre y cuando realice mi rutina mañanera, puesto que la mayoría de las disciplinas clave que necesito practicar están cubiertas en ese espacio de tiempo y así me siento con las bases necesarias y preparado para rendir a un mayor nivel que si hubiera empezado el día de forma desordenada.

DULCES SUEÑOS

Por la noche, me gusta "hacer caja". Es algo que aprendí en mi época juvenil como camarero. Antes de ir a casa teníamos que hacer caja, lo cual significaba entregar contabilizados todos los recibos, pagos con tarjeta y dinero en efectivo. Todos tenían que cuadrar, si no, había problemas.

Es importante "hacer caja" y evaluar el rendimiento diario de tu jornada. ¿Cómo fue el rendimiento comparado con el plan trazado para el día? ¿Qué se debe transferir al plan de mañana? ¿Qué es necesario añadir después de ver cómo funcionó la jornada? ¿Qué elementos ya no son importantes y deben ser eliminados de la rutina? Además, me gusta anotar en mi diario nuevas ideas, aclaraciones y conocimientos aprendidos durante cada día. Así es cómo he recopilado más de 40 cuadernos llenos de ideas, puntos de vista y estrategias increíbles. Finalmente, me gusta leer, al menos, 10 páginas de un libro inspirador antes de dormirme. La mente sigue procesando la última información recibida antes de acostarte, con lo cual procuro centrar mi atención en algo constructivo y útil que contribuya al avance de mis objetivos y ambiciones. Como verás, el día puede desarrollarse con todo tipo de caos o confusión, pero yo mantengo el control sobre su principio y su final. Así, siempre sé que empiezo y termino el día de manera productiva.

CAMBIA LA RUTINA

De vez en cuando, me gusta variar la rutina. De lo contrario, nos anquilosamos y nos estancamos. Un ejemplo claro es hacer ejercicio con pesas. Cuando entreno de la misma forma, practicando repetidamente los mismos movimientos semana tras semana, mi cuerpo parece dejar de beneficiarse. Me aburro, pierdo mi entusiasmo y Gran Mo desaparece. Por eso, es importante enfrentarse a nuevos retos y actualizar las experiencias.

Ahora mismo, me estoy esforzando por introducir algo más de aventura en mi vida. Establezco objetivos semanales, mensuales y anuales para hacer algo que habitualmente no haría. Por lo general, no es nada del otro mundo: probar comidas diferentes, asistir a una clase de algo, visitar un lugar diferente, inscribirme a algún club para conocer gente nueva. Lo hago, porque este cambio de ritmo me hace sentir vivo, me ayuda a recuperar el entusiasmo y me ofrece oportunidades y perspectivas innovadoras.

Observa tus rutinas. Si hay algo que solía estimularte, pero se ha vuelto monótono o no te está proporcionando resultados eficaces, cámbialo.

Marca un patrón rítmico: encuentra una dinámica

En cuanto las disciplinas diarias se convierten en una rutina, queremos que la repetición de esos pasos cree un ritmo determinado. Cuando las disciplinas y acciones encajan en un ritmo semanal, mensual, trimestral y anual, es como ponerle un cartel de bienvenida a Gran Mo.

Es igual que lo que ocurre con las ruedas de una locomotora de vapor. Cuando la locomotora está en reposo, es imposible lograr que avance. Para poner sus pistones en marcha y generar una serie de conexiones que muevan las ruedas hace falta una cantidad increíble de vapor. Es un proceso lento, pero en cuanto la máquina empieza a rodar, las ruedas adquieren un cierto ritmo. Si la presión se mantiene constante, el tren gana impulso y ¡será mejor que te apartes! A una velocidad de 90 kilómetros por hora el tren puede chocar contra un muro de hormigón de metro y medio reforzado con acero y seguir su trayectoria. Visualizar tu éxito como una locomotora imparable te ayudará a mantener el entusiasmo e incorporar tu propio ritmo. (Observa la Figura 9).

Figura 9

Cuando tus disciplinas y acciones desarrollan un ritmo, es como darle la bienvenida a Gran Mo

Además de mis rutinas diarias, también hago planes futuros. Por ejemplo, con respecto a mi objetivo de profundizar en el amor e intimidad de mi matrimonio, he diseñado un programa de ritmo semanal, mensual y trimestral. Ya sé que no suena muy romántico, pero tendemos a pasar por alto aquello que no apuntamos en la agenda, aunque sea prioritario para nosotros, ¿no es cierto? No es que lo ignoremos por completo, pero no lo hacemos con la regularidad necesaria para que adquiera un ritmo.

Pues bien, funciona así. Todos los viernes por la noche, mi mujer y yo los dedicamos a una "cita romántica" y salimos o hacemos algo especial juntos. Nuestros iPhones están sincronizados y a las 6:00 de la tarde, pase lo que pase, una alarma suena para indicar el inicio de nuestra velada especial. Los sábados son para la familia, lo cual significa olvidarse del trabajo. Básicamente, desde el viernes por la tarde hasta el domingo por la mañana dedicamos todo el tiempo a nuestra familia y relación de pareja.

Si no se crean esos límites, los días tienden a sucederse sin más. Y, por desgracia, ahí es cuando solemos dejar de lado a los seres más importantes de nuestra vida. (Ver Figura 10).

Registro del ritmo semanal [EJEMPLO]

Comportamiento/ Acción	Lu	Ma	Mi	Ju	Vi	Sá	Do	Logrado	Objetivo	No logrado
3 llamadas extra	X			X	X			3	5	<2>
3 presentaciones extra		X		X				2	3	<1>
30 minutos de ejercicio cardiovascular		X			X			2	3	<1>
Sesiones de ejercicios con pesas	X	X		X				3	3	☺
Leer 10 páginas de un buen libro	X	X		X	X			4	5	<1>
Escuchar 30 minutos de un grabación instructiva	X	X	X			X		4	5	<1>
2 litros de agua		X	X	X		X	X	5	7	<2>
Tomar un desayuno saludable	X	X		X		X		4	7	<3>
Dedicar tiempo a los niños	X			X		X		3	4	<1>
Tener una velada especial con mi pareja					X			1	1	☺
Tiempo para orar/meditar		X	X				X	3	5	<2>
Escribir un diario	X		X		X	X	X	5	5	☺
TOTAL								39	53	<14>

Figura 10

Comprometerte significa hacer realmente y de forma constante lo que dijiste que harías, incluso después de perder el entusiasmo inicial que te impulsó a decirlo.

Fechas De _____ **A** _____

Todos los domingos por la noche, también a las 6:00 de la tarde, hacemos una evaluación de nuestra relación. Es una práctica que aprendí de unos expertos en relaciones personales, Lynda y Richard Eyre, durante una entrevista para el ejemplar audio de *SUCCESS* en octubre de 2009. Mi mujer y yo aprovechamos ese momento para hablar de los altos y bajos de la semana y de los ajustes que necesitamos introducir en nuestra relación. Iniciamos la conversación con un intercambio de elogios, es decir, acciones que hemos valorado en el otro durante la semana (siempre ayuda empezar con algo bueno). A continuación, según la idea que me dio Jack Canfield en una entrevista, nos preguntamos qué puntuación, en una escala del 1 al 10 (siendo 10 la máxima), le asignaríamos a nuestra relación personal esa semana. Esto nos lleva de manera natural a tratar los altos y bajos que ha habido. Luego, acordamos los ajustes que debemos introducir tras responder a la siguiente pregunta: ¿qué habría que hacer para llegar a un 10? Al final de la conversación nos sentimos comprendidos y valorados, y hemos expresado observaciones y deseos para empezar una nueva semana. Es un proceso increíble. Te lo recomiendo seriamente... ¡si te atreves a realizarlo!

Todos los meses, Georgia y yo programamos una actividad única y memorable. Jim Rohn me enseñó que la vida se compone de experiencias, así que nuestro objetivo debe ser aumentar la frecuencia e intensidad de las que sean de buena calidad. Por lo tanto, una vez al mes, probamos una actividad que nos brinde una experiencia intensa y memorable: una excursión a la montaña, una caminata arriesgada, una visita a un restaurante de moda en Los Ángeles, una salida en barco por la bahía, etc. Es decir, cualquier actividad fuera de lo corriente que intensifique una experiencia y nos deje un recuerdo inolvidable.

Cada tres meses, planeamos una escapada de dos o tres días. Me gusta evaluar trimestralmente mis objetivos y cómo va mi vida, y este es el momento ideal para examinar el estado de nuestra relación. También hacemos un viaje especial de vacaciones, las vacaciones tradicionales, además de nuestra caminata de Año Nuevo y el ritual para establecer objetivos. Como verás, cuando todo está programado, no es necesario pensar en lo que se debe hacer. Todo ocurre de forma natural. Se crea un ritmo que nos proporciona el momentum.

REGISTRA TU RITMO

Quiero compartir contigo un método que yo mismo ideé para controlar el ritmo de un comportamiento nuevo. Lo denomino el registro del ritmo y creo que te resultará de gran ayuda. Si decides introducir un comportamiento nuevo para avanzar hacia tus objetivos (beber más agua, caminar más, ser más afectuoso con tu pareja, etc.), deberás controlarlo para verificar que en realidad se está creando un ritmo. (Observa la Figura 10).

LOS RITMOS DE LA VIDA

Cuando la gente emprende una tarea nueva, casi siempre, pone demasiado empeño en ella. Por supuesto, quiero que te sientas motivado para establecer un ritmo que te lleve rumbo al éxito, pero necesitas un programa que puedas seguir verdaderamente, a largo plazo y sin cuestionarlo. No quiero que pienses en los ritmos que puedes establecer para esta semana, este mes o incluso para los próximos tres meses. Lo que quiero es que pienses en lo que puedes hacer para el resto de tu vida. *El efecto compuesto* (los resultados positivos que quieres ver en tu vida) será el resultado de elecciones y acciones repetidas constantemente. El éxito llega cuando se dan los pasos adecuados con regularidad. Entonces, si te empeñas en hacer mucho demasiado pronto, prepárate a fracasar.

Un amigo de nuestro equipo en *SUCCESS* (a quien prefiero dejar en el anonimato) decidió ponerse en forma después de verse en una foto suya que publiqué en Twitter. Esta decisión suponía un cambio enorme en su estilo de vida. Durante su horario de trabajo, pasaba sentado, por lo menos, 12 horas al día. Además, odiaba el ejercicio. Solía contarnos que evitaba usar platos de loza con tal de no lavarlos y se negaba a acceder a ciertos archivos si tenía que agacharse o inclinarse para tomarlos. Hasta ese punto llegaba su aversión por la actividad física. Sin embargo, aun así, tomó la determinación de ponerse en forma. Se inscribió a un gimnasio, contrató a un entrenador personal y empezó a entrenar dos horas al día, cinco días a la semana. "Ricardo" (supongamos que se llama así), le dije, "lo que estás haciendo es un error. No vas a poder mantener ese nivel de entrega y al final te darás por vencido". Me respondió que había cambiado para siempre y que su entrenador le había recomendado ese ritmo de ejercicio. "Estoy totalmente entregado a entrenar", agregó. "Ya quiero ver mis abdominales".

"Ricardo, ¿cuál es tu verdadero objetivo?", le pregunté. Desde luego, yo sabía que su objetivo no era salir en la portada de *Men's Fitness*.

Su respuesta fue que quería estar esbelto y sano. Cuando le pregunté el motivo, me respondió que quería tener vitalidad y vivir lo suficiente para conocer a sus nietos. Esos motivos eran reales y significativos. Ricardo deseaba algo duradero, una dedicación al ejercicio a largo plazo, no una solución rápida para lucir muy bien en la playa.

"De acuerdo", le dije, "me has convencido, pero creo que te estás excediendo. Dentro de dos o tres meses, el día menos pensado vas a decir que ya no dispones de dos horas para entrenar y dejarás de hacer ejercicio. Te ocurrirá lo mismo una y otra vez. Los cinco días de entrenamiento se convertirán en dos o tres, te desanimarás y tirarás la toalla. Ya sé que ahora mismo estás muy animado, así que ¿por qué no haces lo siguiente? Por ahora, sigue con dos horas de ejercicio al día, cinco veces por semana (recuerda, para que las ruedas puedan vencer a la fuerza de la inercia hace falta mucho vapor), pero no mantengas esa rutina por más de dos o tres meses. Luego, quiero que reduzcas tu ejercicio a una 1 hora y 15 minutos. Sigue haciéndolo cinco días a la semana, pero yo te animaría a que lo hicieras solo cuatro. Haz lo mismo durante dos o tres meses. Después, quiero que te plantees la posibilidad de hacerlo una hora al día, tres veces por semana como mínimo, o cuatro, si te sientes muy dinámico. Este es el programa que te propongo, porque, si te entregas a una actividad que no puedas mantener, acabarás abandonándola del todo".

Me costó mucho hacerle comprender este razonamiento, porque en ese momento, él estaba eufórico. Pensaba que sería capaz de mantener esa nueva rutina para el resto de su vida.

Para alguien que nunca ha hecho ejercicio, un programa de dos horas al día, cinco veces por semana es, con toda seguridad, un cambio muy fuerte. Más bien, lo que hay que desarrollar es un programa que sea sostenible durante 50 años, no por cinco meses. No tiene nada de malo dedicarse un poco más a fondo al principio, pero una vez que se empiezan a ver resultados, es necesario disminuir el esfuerzo. Siempre es posible dedicar 45 minutos o una hora, varias veces por semana, pero dedicar dos horas, cinco veces por semana en miras de que alguna rutina funcione, lo más probable será que, a la larga, dejará de funcionar. Recuerda, la constancia es un componente decisivo del éxito.

EL PODER DE LA CONSTANCIA

Ya he mencionado que mi habilidad para ser constante me proporciona una ventaja competitiva. Nada detiene a Gran Mo más rápidamente que la falta de constancia. Esto suele afectar incluso a personas con gran entusiasmo, ambición y buenas intenciones. Sin embargo, es una herramienta muy eficaz que funcionará a tu favor al iniciar tu recorrido hacia tus objetivos.

Ilustrémoslo de la siguiente forma: imaginemos que tú y yo somos aviones volando de Los Ángeles a Manhattan y que tú haces escala en cada Estado intermedio, mientras que yo hago un vuelo directo. Aunque volaras a 800 kilómetros por hora y yo a 300, aun así, yo llegaría a Manhattan primero que tú. El tiempo y energía que supone aterrizar, despegar y volver a conseguir el momentum alargará tú viaje 10 veces más. A lo mejor, ni siquiera llegarás a tu destino. Te quedarás sin combustible, energía, motivación, confianza y fuerza de voluntad en algún punto de la ruta. Lo que este ejemplo demuestra es que es mucho más fácil y se requiere de menos energía despegar y mantener una velocidad constante durante todo el viaje, aunque vayamos más lentos que los demás.

EL POZO ACCIONADO CON BOMBA MANUAL

Cuando te plantees disminuir la intensidad de tus rutinas y ritmos, toma en consideración lo que representa el enorme costo de la falta de constancia. No es solo la pérdida de la acción en sí misma, ni los diminutos resultados que obtienes. De lo que se trata es del desmoronamiento absoluto y de la pérdida de momentum que sufrirá todo su progreso. Imagina un pozo de agua, equipado con una bomba manual que utiliza una tubería para succionar el agua situada a varios metros bajo tierra. Para conseguir que el agua llegue a la superficie, deberás mover la palanca de arriba hacia abajo con el fin de crear la succión necesaria que hará que el agua ascienda y salga por el caño. (Observa la Figura 11).

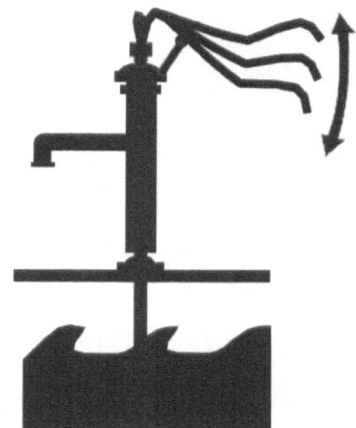

Figura 11

La constancia es la clave para lograr
y mantener el momentum.

Cuando tu equipo inicia esta nueva tarea, todos agarran la palanca y empiezan a bombear con energía —como Ricardo con su plan de ejercicios—, se emocionan y se dedican a bombear sin cesar, pero después de unos minutos (o de unas semanas), cuando no ven agua (resultados), dejan de bombear. No se dan cuenta de lo que cuesta crear el vacío necesario para que el agua llegue a la tubería y finalmente salga por el caño para llenar un cubo. Igual que el carrusel, el cohete espacial y la locomotora a vapor necesitan liberarse de la inercia, la bomba del pozo también necesita tiempo, mucha energía y constancia para succionar agua. Ahí es cuando la mayoría de la gente abandona, pero los más sensatos siguen bombeando.

Solo los que perseveren y sigan bombeando con la palanca obtendrán finalmente unas gotas de agua. Es entonces cuando muchos dirán: "¡Esto debe ser una broma! ¿Todo este trabajo para obtener unas miserables gotas? ¡Ni hablar!". En ese momento, muchos tirarán la toalla, pero la gente sensata persistirá.

Es aquí donde sucede algo mágico. Si sigues bombeando, no tardarás mucho en obtener un chorro continuo de agua. ¡Triunfaste! Ahora que el agua fluye, no es necesario bombear con tanta energía, ni con tanta prisa. De hecho, esta llega a ser una tarea fácil. Todo lo que debes hacer para mantener la presión constante es bombear continuamente. Ese es *El efecto compuesto*.

¿Qué ocurre si sueltas la palanca demasiado tiempo? Pues que el agua descenderá al suelo y tendrás que empezar el proceso otra vez desde cero. Si intentas bombear de forma constante y sin esfuerzo, no obtendrás agua. Mo se fue y ahora el agua está en el fondo, y la única manera de volver a tener agua es empezar a bombear enérgica y constantemente otra vez. Así es como vivimos la mayoría, con arrebatos de actividad. Iniciamos un negocio y suspendemos las vacaciones. Empezamos con una rutina de 10 llamadas a clientes potenciales al día, tenemos algo de éxito y luego cambiamos la marcha hasta llevarla a un punto muerto. Nos entusiasmamos con la nueva rutina de programar "una cita romántica" con nuestra pareja los viernes por la noche, pero, después de unas semanas, volvemos al canal de películas y a las palomitas de maíz en casa. Veo gente comprar un libro, inscribirse a un nuevo programa o seminario y estar entusiasmadísima durante un par de semanas o meses. Luego, muchos abandonan y vuelven al punto de partida. ¿Te suena?

Deja de hacer algo durante un par de semanas (ejercicio, gestos afectuosos hacia tu pareja o llamadas a clientes potenciales que son parte de tu plan) y verás que lo que pierdes no son solamente los resultados que podrían haber producido esas dos semanas. Si solo perdieras eso (que es lo que la mayoría de la gente cree), el daño no sería irreparable. Sin embargo, cuando aflojamos el ritmo, aunque sea por un período corto, matamos a Mo. Esa sí es la verdadera tragedia.

Para ganar la carrera, lo que importa es el ritmo. Bien sea que se trate de una tortuga o de una persona, el hecho es que, si le dan suficiente tiempo, ganará cualquier competencia como resultado de hábitos y comportamientos positivos aplicados de manera constante. Eso es lo que suele generar el momentum. ¡Así que mantente ahí!

Ahora, es un hecho que elegir correctamente, mantener el comportamiento adecuado, practicar los hábitos perfectos, perseverar y mantener el momentum no es tan fácil, sobre todo, en un mundo dinámico, sometido a cambios y retos constantes que compartimos con miles de millones de personas. En el siguiente capítulo, trataré sobre las numerosas influencias que, casi sin darnos cuenta, nos ayudan o nos dificultan la consecución del éxito. Estas influencias son penetrantes, persuasivas y constantes. Aprende a utilizarlas de un modo correcto, porque también podrían hacerte fracasar. Te enseñaré cómo hacerlo.

Resumen de las acciones por practicar

- Planifica unas rutinas para iniciar el día. Diseña un programa de rutinas de primera clase, a prueba de fracaso.

- Escribe una lista con tres aspectos de tu vida en los que no seas tan constante como debieras. ¿Qué impacto ha tenido en tu vida esa falta de constancia hasta ahora? Declara solemnemente que te mantendrás firme en tu compromiso de ser constante.

- En el registro de ritmo, escribe seis comportamientos clave que te parezcan relevantes para conseguir tus nuevos objetivos. Deben ser comportamientos en los que desees incorporar un ritmo que, con el tiempo, genere momentum (Gran Mo).

CAPÍTULO 5

INFLUENCIAS

Espero que, a estas alturas, te haya quedado claro lo importantes que son tus decisiones. Incluso las más insignificantes, porque, una vez que se acumulan, pueden tener un efecto enorme en tu vida. Ya hemos dicho que tú eres el único que debes dirigir tu vida al 100%. Nadie más es responsable de las elecciones y acciones que realices. Además, eres consciente de que tus elecciones, comportamientos y hábitos reciben la influencia de factores externos. La mayoría de la gente no es consciente del control que estos factores ejercen en su vida. Por lo tanto, para mantener una trayectoria favorable hacia los objetivos marcados es necesario entender y controlar estas influencias de tal manera que te ayuden a conseguir lo que anhelas en lugar de permitir que te desvíen del camino del éxito que tanto persigues. Hay tres tipos de influencias que nos afectan a todos: la información recibida (lo que alimenta nuestra mente), las relaciones (las personas con las que nos mantenemos en contacto) y el entorno (lo que nos rodea).

I. La información recibida:
Datos erróneos generan resultados erróneos

Si deseas que tu cuerpo rinda al máximo en una carrera, tendrás que alimentarlo con nutrientes de máxima calidad y evitar la tentadora comida basura. De la misma forma, para que tu cerebro funcione al máximo, debes vigilar todavía más la información que recibes. ¿Estás alimentándolo con resúmenes de noticias y embrutecedoras comedias televisivas? ¿Lees prensa sensacionalista o revistas como *SUCCESS*? Ten presente que el control de la información que recibimos tiene un efecto directo y palpable en la productividad y en los resultados que obtenemos.

Controlar lo que alimenta nuestro cerebro es muy difícil, porque gran parte de la información que absorbemos es involuntaria. Aunque también es verdad que podemos comer sin pensar, es más fácil prestarle atención a lo que le aportamos al organismo, porque la comida no se introduce por sí sola en nuestra boca. Con el cerebro, es distinto. Necesitamos estar mucho más alertas para evitar que este absorba información irrelevante, contraproducente o destructiva. Ser selectivo y evitar la información que desbarate nuestro potencial y aptitudes creativas es una batalla sin fin.

El cerebro no está diseñado para hacernos felices. Su única prioridad es la supervivencia. Siempre está alerta ante señales de "escasez y agresión". El cerebro está programado para detectar lo negativo, bien sea el agotamiento de recursos, los temporales devastadores o cualquier elemento que pueda perjudicarnos. Por consiguiente, cuando enciendes la radio de camino al trabajo y escuchas todas esas noticias sobre robos, incendios, ataques o acerca de que la economía está por los suelos, la alarma de tu cerebro se enciende y pasas el resto del día digiriendo un festín de miedos, preocupaciones y negatividad. Eso mismo es lo que ocurre por la noche, cuando ves el noticiero después del trabajo.

¿Malas noticias otra vez? Perfecto. Tu mente se pasará la noche cavilando sobre esta información.

Si por ella fuera, la mente se pasaría el día y la noche procesando información negativa, preocupante y aterradora. Es un hecho que no podemos cambiar nuestro ADN, pero sí nuestro comportamiento. Podemos enseñarle a la mente a ver más allá de la "escasez y la agresión". ¿Cómo? Protegiéndola y alimentándola correctamente, siendo disciplinados y asumiendo el control sobre la información que dejamos que ella reciba.

Para identificar la influencia que ejerce sobre ti la información y el entorno, completa el ejercicio de Influencia de la información que encontrarás al final del libro.

NO CONSUMAS AGUA SUCIA

Lo que conseguimos en la vida es lo que construimos nosotros mismos. Son nuestras expectativas las que alientan el proceso creativo. ¿Cuáles son las tuyas? Lo más probable es que estés a la espera de que suceda aquello en lo que estás pensando. El proceso mental y la conversación interna que mantienes en tu mente son el origen de los resultados que obtengas en tu vida. Por lo tanto, la cuestión es: *¿en qué estás pensando?* ¿Qué es aquello que está influyendo y dirigiendo tus pensamientos? La respuesta es: todo lo que te has permitido oír y ver, es decir, la información con la que has estado alimentando tu cerebro. (Observa la Figura 12).

La mente es como un recipiente vacío: se llena con lo que vertamos en él. Si viertes noticias sensacionalistas, titulares obscenos o entrevistas vacías de contenido, estás llenando tu mente de agua sucia. En otras palabras, si el agua que viertes es oscura y está cargada de pesimismo y preocupación, todo lo que generes en tu vida se filtrará por esa inmundicia, porque esos serán tus pensamientos. No hay duda de que la información errónea genera resultados erróneos.

Figura 12

Sustituye lo negativo (agua sucia) con ideas positivas, inspiradoras y reconfortantes (agua limpia)

Todas esas noticias en la radio de tu auto sobre asesinatos, conspiraciones, muertes, economía y batallas políticas influyen en tu proceso mental y a su vez en las expectativas y el resultado creativo final. Y eso no es NADA bueno. Sin embargo, igual que hacemos con un vaso sucio, podemos ponerlo bajo el grifo y limpiarlo para finalmente obtener un vaso lleno de agua pura y transparente. ¿Qué representa el agua limpia? Información e ideas positivas, inspiradoras y reconfortantes; historias de personas que, a pesar de los retos, superan obstáculos y alcanzan grandes logros; estrategias para conseguir éxito, prosperidad, salud, amor y alegría; ejemplos y relatos sobre cosas buenas, justas y posibles que hay en el mundo; ideas enriquecedoras, que te ayudarán a crecer, desarrollarte y mejorar. Por eso invertimos tanto esfuerzo en la revista *SUCCESS*, pues queremos asegurarnos de proporcionarte esos ejemplos e historias, facilitarte las claves para mejorar la perspectiva que tienes acerca del mundo, de ti mismo y de los resultados que buscas obtener. Esa es también la razón por la cual todas las mañanas dedico 30 minutos a leer material inspirador e instructivo; además, en las noches, escucho contenidos con temas sobre desarrollo personal. De ese modo, estoy lavando mi vaso y alimentando mi mente. ¿Tengo ventaja con respecto al individuo que se levanta y lee el periódico, escucha las noticias en la radio de su auto y ve las noticias antes de acostarse? ¡Claro que sí! Y tú también puedes beneficiarte de esa ventaja.

Paso 1. Ponte en guardia

A no ser que decidas encerrarte en una cueva o escaparte a una isla desierta, tarde o temprano, el agua sucia intentará llenar tu vaso. Está en las vallas publicitarias, en los televisores de los bares y cafeterías o en los escandalosos titulares de la prensa sensacionalista apilada junto a la caja de las tiendas de comestibles. Incluso tus amigos, familiares y tus propias ideas negativas pueden verter agua sucia en tu vaso.

Esto no significa que no podamos tomar medidas para limitar el contacto con toda esa suciedad. Quizá, sea imposible evitar la prensa sensacionalista apilada junto a la caja de la tienda, pero sí podemos cancelar la suscripción a esas publicaciones, negarnos a escuchar la radio al ir o al volver de trabajar y en su lugar escuchar un CD instructivo e inspirador. También podemos apagar la tele y hablar con la familia, comprar un grabador de video digital (DVR) y grabar solo los programas que, a nuestro juicio, sean educativos o enfaticen aspectos positivos de la vida. Así, tendremos la ventaja de omitir todos aquellos anuncios cuyo propósito es hacernos sentir inferiores o carentes de algo a menos que compremos más basura.

Yo no crecí viendo mucha televisión. Recuerdo que veía *The A Team* o el programa musical *Solid Gold* (¿te suena alguno de los dos?), pero la tele nunca fue un componente esencial en nuestra vida familiar. Me las arreglé para crecer sin ella y eso me proporcionó la perspectiva tan clara con la que veo algún programa de vez en cuando. Cuando veo una comedia, me río, claro que sí, pero después, me siento empachado y poco nutrido, como si hubiera engullido comida basura. Entonces, no deja de sorprenderme la forma en que los anuncios publicitarios explotan nuestra mente, nuestros miedos, penas, necesidades y debilidades. Si vamos por la vida, pensando que somos inferiores y que necesitamos comprar esto y lo otro y lo de más allá para dar la talla, ¿cómo esperamos que nuestros resultados sean asombrosos?

A modo de ejemplo: se calcula que los americanos (mayores de 12 años) ven 1.704 horas de televisión al año, lo cual se traduce en un promedio de 4,7 HORAS al día. Pasamos el 30% del tiempo que estamos despiertos viendo la tele; casi 33 horas por semana, es decir, más de un día entero por semana y el equivalente a ¡dos meses enteros al año! ¡Y la gente todavía se pregunta por qué no progresa en la vida!

REDUCE TU ATENCIÓN EN LOS MEDIOS DE COMUNICACIÓN

Los medios de comunicación nos manipulan. ¿Alguna vez te ha retrasado un desvío de tráfico en la autopista? ¿Te has encontrado en una interminable fila de kilómetros de autos y te has preguntado cuál es la causa? Lo más seguro es que, cuando al fin llegas al lugar del incidente, ya no queda ningún obstáculo físico bloqueando el flujo de tráfico, porque el accidente ocurrió hace rato y, desde entonces, han ido despejando la autopista y moviendo la causa de la demora hacia otra parte. En realidad, el tráfico avanza con lentitud, a 5 km/h, porque hay gente curioseando. Seguro que eso te saca de quicio, pero, ¿qué ocurre cuando eres tú quien pasas por el lugar del accidente? Que haces lo mismo, reduces la velocidad, desvías tu vista de la carretera y te estiras para tratar de enterarte y observar qué fue lo que ocurrió.

¿Por qué gente normal y respetable querría ver algo trágico y grotesco? Se debe a nuestra herencia genética, la cual se remonta al instinto prehistórico de preservación. No lo podemos remediar, incluso si somos partidarios de evitar la negatividad y hemos practicado ser decididamente positivos, cuando se trata de sensacionalismo, nuestro instinto básico nos vence. Los medios de comunicación saben eso, conocen nuestra naturaleza mucho mejor que nosotros mismos. Por eso, siempre han utilizado titulares impactantes y sensacionalistas para atraer nuestra atención. La cuestión es que, en la actualidad, no hay tres canales de noticias, hay cientos y además emitiendo las 24 horas al día, los 7 días de la semana. Y en lugar de un puñado de periódicos, ahora tenemos gran cantidad de portales disponibles en el ordenador o en nuestro teléfono. La competencia por conseguir nuestra atención nunca había sido tan fiera y los medios de comunicación siempre están anteponiendo el truco del sensacionalismo. Buscan los sucesos más atroces, escandalosos, delictivos, criminales, deprimentes y horribles que ocurran en el mundo cada día y los exhiben en los periódicos, canales de noticias y páginas web, incesantemente. A la vez, en esas mismas 24 horas, suceden millones de acontecimientos maravillosos, estupendos e increíbles, de los cuales escasamente nos cuentan. Entonces, al conectarnos a la negatividad, fomentamos su demanda más y más. ¿Qué esperanza hay de que las noticias positivas logren competir con esos índices de audiencia o con el dinero invertido en la publicidad?

Volvamos a la autopista. ¿Qué pasaría si, en lugar de un accidente, hubiera una deslumbrante puesta de sol? ¿Cómo reaccionaría el tráfico? He visto esta situación muchas veces y los coches pasan a toda velocidad.

Como verás, el gran peligro de los medios de comunicación es que nos presentan una visión distorsionada de la realidad. Como su atención y sus mensajes insisten en lo negativo, eso es lo que nuestra mente empieza a creer. Es decir que, sin lugar a dudas, esta vista deformada y limitada de lo que no va bien afecta seriamente nuestras posibilidades creativas, pues toda esta basura que recibimos termina siendo muy debilitante.

USA UN FILTRO PERSONAL PARA BLOQUEAR LA BASURA

Tengo un método para salvaguardar mi mente y lo compartiré contigo. Eso sí, te advierto que es una dieta mental muy rigurosa. Este sistema me ha funcionado muy bien y, en tu caso, podrás adaptarlo a tus preferencias personales.

Por todo lo anterior, habrás adivinado que no veo, ni escucho las noticias, ni leo ningún periódico o revista. El 99% de las noticias no tiene nada que ver con mi vida personal, ni con mis objetivos, sueños y ambiciones. De modo que he configurado un sistema de redifusión (RSS) para identificar las noticias y novedades que sí están relacionadas con mis objetivos e intereses directos. Las noticias que me interesan se filtran y, por lo tanto, no me entra barro en el vaso (metafóricamente hablando). Mientras la mayoría de la gente pasa horas leyendo basura que bloquea su pensamiento y le baja la moral, yo obtengo la información más provechosa cuando la necesito en menos de 15 minutos al día.

Paso 2. Inscríbete en la universidad sobre ruedas

Dejar de recibir información negativa no es suficiente. Para avanzar de manera positiva también deberás desechar lo malo y sustituirlo con algo bueno. Mi auto no arranca sin dos cosas: gasolina y una biblioteca de CDs instructivos que escucho mientras conduzco. El americano promedio conduce unos 20.000 kilómetros al año, lo cual supone 300 horas que bien podría cualquier persona al volante dedicar a limpiar su mente, (y en otros países, la gente pasa una cantidad de horas similar en transporte público, las cuales se podrían emplear con el mismo propósito). Brian Tracy me enseñó el concepto de convertir el auto (o el transporte público) en una universidad ambulante. Me explicó que, si durante un año escuchamos un CD instructivo mientras conducimos (o mientras viajamos en transporte público), aprendemos el equivalente a dos semestres de una licenciatura superior universitaria. Piénsalo, si utilizaras bien el tiempo que ahora mismo pierdes, escuchando la radio mientras viajas de un lugar a otro, lograrías el equivalente a un doctorado en dirección de empresas, éxitos en ventas, fomento de riqueza, calidad de relaciones interpersonales o en cualquier otra área del conocimiento que prefieras. Esta dedicación, combinada con la rutina diaria de la lectura, te alejará de la mediocridad, pero recuerda, un solo CD, DVD o libro a la vez.

II. Relaciones: ¿quién te está influenciando?

Ya lo dice el refrán: "Dios los cría y ellos se juntan". La gente con la que solemos relacionarnos se denomina "grupo de referencia". Según las investigaciones del sicólogo social, el Dr. David McClelland, de Harvard, el "grupo de referencia" determina el 95% del nuestro éxito o fracaso en la vida.

¿Con quién pasas más tiempo? ¿Quiénes son las personas a las que más admiras? ¿Son esos dos grupos de personas exactamente iguales? Si no es así, ¿qué los diferencia? Jim Rohn me enseñó que nos convertimos en una combinación de las cinco personas con las que pasamos más tiempo. Rohn decía que podemos adivinar la calidad de nuestra salud, actitud e ingresos con tan solo observar a quienes nos rodean. La gente con la que pasamos tiempo determina qué conversaciones atraen nuestra atención y a qué actitudes y opiniones estamos expuestos. Con el tiempo, empezamos a comer lo que ellos comen, a hablar como ellos hablan, a leer lo que ellos leen, a pensar lo que ellos piensan, a ver lo que ellos ven, a tratar a la gente del mismo modo que ellos la tratan, incluso a vestir igual que ellos. Lo gracioso es que, casi siempre, ignoramos estas similitudes entre nosotros y ese círculo de cinco personas.

¿Y cómo es posible que no nos demos cuenta? La razón es que la relación con ellas no supone un empujón violento en una dirección u otra, sino ligeros toquecitos a lo largo del tiempo. La influencia es muy sutil, es como estar tumbado en una colchoneta inflable en el océano. Crees que flotas y que permaneces en la misma posición hasta que miras y te das cuenta de que una corriente moderada te ha desplazado 800 metros lejos de la costa.

Piensa en esos amigos tuyos que a la hora de una cena suelen pedir entradas grasosas y cócteles antes del plato fuerte. Pasa mucho tiempo con ellos y verás cómo acabas pidiendo nachos con queso, patatas con mayonesa y bebiendo esa cerveza o copa de vino de más, y todo, por ponerte a su altura. Entretanto, esos otros amigos tuyos piden platos sanos, hablan de los libros inspiradores que están leyendo o de sus ambiciones empresariales y tú empiezas a asimilar sus comportamientos y hábitos. Decides leer lo que ellos leen, hablar de lo que ellos hablan, ver las películas que a ellos les entusiasman, frecuentar los sitios que ellos te recomiendan. Así que, es innegable la influencia que tus amigos ejercen sobre ti, que además es sutil y puede ser positiva o negativa. En ambos casos, el impacto es increíble y potente. Por eso, ¡ten cuidado! No es conveniente que te relaciones con gente negativa, ni debes esperar tener una vida positiva bajo ese tipo de influencias.

Por consiguiente, ¿cuál es el promedio combinado de ingresos, estado de salud y actitudes de las cinco personas con las que pasas más tiempo? ¿Te asusta la respuesta? Si es así, lo mejor que puedes hacer para aumentar las posibilidades de adquirir las características que deseas es pasar la mayor parte de tu tiempo con personas que ya las posean. Notarás entonces que el poder de la influencia funciona a tu favor, no en tu contra. Los comportamientos y actitudes que les ayudaron a ellas a conseguir el éxito que admiras empezarán a ser parte de tu propia rutina diaria. Pasa el suficiente tiempo en su compañía y lo más seguro es que obtengas resultados similares a los de ellos en tu vida.

Si todavía no lo has hecho, apunta los nombres de esas cinco personas con las que más te relacionas. Escribe también sus principales características, positivas y negativas. No importa quiénes sean. Puede ser tu pareja, un hermano, un vecino o tu ayudante. Ahora, calcula los promedios de su salud, situación financiera y relaciones. A la vez que observas los resultados, pregúntate: "¿Estoy satisfecho con esta lista? ¿Es eso lo que quiero conseguir?".

Es hora de volver a evaluar y priorizar a la gente con la que pasamos tiempo. Estas relaciones pueden alimentarnos, dejarnos "muertos de hambre" o estancarnos. Ahora que has empezado a evaluar con cuidado con quién vas a pasar más tiempo, vamos a indagar un poco más. Jim Rohn me enseñó que resulta eficaz evaluar y clasificar nuestras relaciones en tres categorías: distanciamientos, relaciones limitadas y relaciones ampliadas.

> Para evaluar tus relaciones, completa la hoja de Evaluación de relaciones que encontrarás al final del libro.

DISTANCIAMIENTOS

Protegemos a nuestros hijos de las influencias a las que ellos están expuestos y de las personas con las que se relacionan. Somos conscientes del efecto que otros podrían tener en ellos y de las decisiones que podrían llegar a tomar como resultado. Entonces, creo que debemos aplicarnos este principio a nosotros mismos. No es nada nuevo: hay personas de las que es necesario apartarse por completo. Dar este paso puede ser difícil, pero es esencial.

Debemos tomar una decisión difícil: evitar que las influencias negativas nos afecten. Es nuestra responsabilidad definir la calidad de vida que queremos tener y rodearnos de gente que represente y apoye esta visión.

Constantemente, estoy excluyendo de mi vida a gente que se niega a madurar y vivir de una forma positiva. Cultivar y cambiar nuestras relaciones es un proceso vitalicio. Algunas personas opinan que soy demasiado riguroso. Sin embargo, me gustaría serlo aún más. Tenía una relación comercial con alguien que me agradaba, pero, cuando la economía se puso difícil, su conversación se centraba casi siempre en lo mal que iban las cosas, en el golpe tan duro que había recibido su empresa y en lo difícil que sería remontar. Le dije: "Tienes que dejar de hablar sobre lo mal que está la vida. Parece que estás reuniendo todos los datos que reafirman tu modo de pensar". Esta persona persistió en esa actitud de verlo todo más sombrío y desesperado de lo que realmente era, así que decidí que no tenía sentido hacer negocios juntos.

Cuando tomes esa decisión tan difícil de levantar una barrera entre tú y la gente que te debilita, habrá quienes se te enfrentarán, sobre todo, los más cercanos. Esta reacción se debe a que tu decisión de vivir una vida más positiva y orientada hacia un objetivo les refleja a los demás la imagen de sus desafortunadas elecciones. Entonces, se sentirán incómodos e intentarán arrastrarte de nuevo a su nivel. Esta resistencia no significa que no te quieran o que no te deseen lo mejor. En realidad, no tiene nada que ver contigo. Tiene que ver con el temor y la culpabilidad por sus malas elecciones y su falta de disciplina. En todo caso, verás que distanciarte de esas personas no será una tarea fácil.

RELACIONES LIMITADAS

Hay gente con la que podríamos pasar tres horas, pero no tres días. Con otros, tres minutos, pero no tres horas. Recuerda siempre que la influencia de aquellos con quienes te relacionas es poderosa y sutil. Esa persona con la que estás caminando determinará si su paso te frena o te acelera, literalmente y de forma figurada. De igual modo, es imposible evitar que te afecten las actitudes, acciones y comportamientos dominantes de la gente con la que más tiempo pasas.

Así las cosas, decide entonces cuánta influencia te "permitirás" recibir, analizando cómo las personas se manifiestan frente a los demás. Sé que es una tarea difícil. Lo he hecho en varias ocasiones, incluso con familiares. Sin embargo, NO permitiré que las acciones o actitudes de otros me afecten con una influencia desmoralizante.

Tengo un vecino con el que puedo pasar tres minutos. Durante esos tres minutos, mantenemos una charla animada, pero no entablaría una conversación de tres horas con él. Puedo pasar tres horas con un antiguo amigo de la escuela, pero no tres días. Luego, están las personas con las que puedo pasar unos días, pero con las que no iría de vacaciones. Así que examina tus relaciones y asegúrate de que no pasas tres horas con quienes solo deberías pasar tres minutos.

RELACIONES AMPLIADAS

Ya hemos observado en qué consiste la exclusión de influencias negativas. A la vez que realizas esta tarea, también querrás *obtener* algo en tus relaciones con los demás. Por lo tanto, identifica a personas con cualidades positivas en los aspectos de la vida en los que deseas mejorar: éxito comercial y financiero, aptitudes acertadas para educar a los hijos, relaciones personales saludables, estilos de vida agradables. Después, pasa más tiempo con ellas. Inscríbete en organizaciones, negocios, gimnasios, es decir, en lugares donde ellas se reúnan y entabla amistad con ellas. Más adelante, te cuento que solía ir a una ciudad diferente para emplear mejor mi tiempo y me topé con resultados inesperados. Elogio a Jim Rohn en este libro, porque, aparte de mi padre, Jim sigue siendo mi mentor y mi influencia más destacada. Mi relación con él ilustra perfectamente una relación ampliada. Aunque comparto con él alguna comida privada y algo de tiempo durante las entrevistas y entre bastidores antes de algún evento, paso más tiempo con él cuando le escucho en el auto o cada vez que leo sus libros. He pasado más de 1.000 horas recibiendo sus instrucciones directamente y el 99% de ellas fue mediante sus libros y programas en formato audio. Lo más estimulante es que, sin importar la situación en la que te encuentres (cuidando a tus hijos o a tus padres ancianos, trabajando muchas horas con gente con la que tiene pocas cosas en común, en medio del campo, lejos de un edificio de oficinas), tú también puedes tener el mentor que desees. Eso sí, siempre y cuando esta persona haya compilado sus pensamientos, relatos e ideas en libros, CD, DVD y archivos multimedia *(podcast)*. Existe material ilimitado del cual puedes beneficiarte. Aprovéchalo.

Ahora, si deseas tener una relación de pareja mejor, más profunda y significativa, pregúntate: "¿Quién tiene el tipo de relación que yo quiero? ¿Cómo podría pasar más tiempo con esa persona? ¿A quién puedo conocer que ejerza sobre mí una influencia positiva?". Deja que su resplandor te impregne. Hazte amigo de personas que, en tu opinión, son las mejores y las más brillantes en su campo de acción. ¿Qué leen? ¿Dónde van a comer? ¿Cómo influiría en ti la relación con ellas? Para ampliar tus relaciones, trata de unirte a grupos en la red, clubes de *Toastmasters* y otras organizaciones similares. Busca asociaciones caritativas, orquestas sinfónicas y clubes recreativos donde creas que se reúnen esas personas que deseas contactar.

ENCUENTRA UN COMPAÑERO DE RENDICIÓN DE CUENTAS

Otra forma de aumentar tus relaciones es asociándote con alguien tan entregado como tú al estudio y desarrollo personal. Debe ser alguien en quien tú confíes y que se atreva a decirte lo que realmente piensa sobre ti y también sobre tus actitudes y tu nivel de rendimiento. Quizá, sea un antiguo amigo o una persona que no te conozca muy bien. Lo importante es conseguir (y ofrecer) una perspectiva externa, honesta e imparcial.

Mi actual "colaborador para rendir cuentas" es mi buen amigo Landon Taylor. Ya mencioné anteriormente que nos llamamos todos los viernes y mantenemos una conversación de 30 minutos para comentar los altos y bajos, compartir posibles soluciones, aclaraciones y el punto en que se encuentran nuestros planes. La expectativa de esa llamada y saber que tengo que rendirle cuentas a Landon me mantiene muy entregado a la consecución de mis objetivos durante la semana.

A la vez, tomo nota de las dificultades de Landon en esa semana o de cualquier opinión que él necesite de mi parte y me aseguro de preguntarle sobre ello en nuestra siguiente llamada. Landon también hace lo mismo por mí y con este sistema nos rendimos cuentas mutuas. Por ejemplo, me dice: "La semana pasada cometiste un error, lo admitiste y te comprometiste a introducir cambios para solucionarlo. ¿Qué has hecho al respecto esta semana?". Así es la vida. Los dos estamos muy ocupados en nuestro trabajo, pero lo más sorprendente es que todas las semanas sin falta hacemos esta llamada. No es fácil. A veces, el día vuela y estoy ocupado en otras cosas y, de repente, recuerdo que tengo que hacer esta tarea. Muy a menudo, en medio de la llamada, pienso: "Me alegro de tener esta conversación". Incluso al prepararme y pensar en los altos y bajos de la semana aprendo algo. Esta semana le dije a Landon: "Sabes, estoy ocupado con tantas cosas. Estoy escribiendo mi libro, tengo muchos planes que realizar, aclaraciones pendientes, pero nada de ello es realmente apremiante". Entonces, él me respondió: "Que esta sea la última semana que te presentas sin nada que compartir. No me hagas trampa". Lo admito, en realidad me estaba engañando a mí mismo al decir que no identificaba nada importante para compartir con él.

Tengo un reto importante para ti, si estás dispuesto a ponerlo en práctica. ¿Deseas opiniones sinceras? Busca personas que te aprecien lo suficiente como para ser honestas contigo y hazles las siguientes preguntas: "¿Cómo voy? ¿Cuáles crees que sean mis puntos fuertes? ¿Qué aspectos crees que debo mejorar? ¿En qué áreas crees que me perjudico a mí mismo? ¿Qué me beneficiaría dejar de hacer? ¿Qué debería empezar a hacer?".

INVIERTE EN UN MENTOR

Paul J. Meyer fue otro de mis mentores. Paul murió en 2009, a la edad de 81 años. Cuando creía que estaba consiguiendo algo y que realmente había elevado mi nivel de juego, acudía a Paul para verificar si mi perspectiva era realista. Todo lo que él me decía me parecía increíble. Pasé mucho tiempo con él. Paul compró una de mis compañías y tiempo después yo introduje una innovación total en una de las suyas. El hecho es que él ejerció una gran influencia en mi vida. Después de pasar un par de horas con Paul, escuchando todos sus planes, proyectos y actividades, la cabeza me daba vueltas. Solo el esfuerzo por comprender todo lo que él tenía puesto en marcha me dejaba agotado. Tras pasar un rato con él, yo sentía que necesitaba una siesta, pero mi relación con él siempre me motivó a mejorar. Para él, caminar era como para mí correr. Paul amplió mis ideas sobre el nivel que yo era capaz de alcanzar y las ambiciones que podía llegar a tener. ¡Tú también debes relacionarte con personas así!

Nunca debe faltarte un mentor. Durante una entrevista con Harvey Mackay, él dijo: "Quizá, no lo creas, pero tengo 20 profesores: de oratoria, de escritura, de humor, de idiomas, etc.". Siempre me ha parecido interesante que la gente de más éxito, quienes verdaderamente rinden al máximo, es la que está dispuesta a pagar por los mejores profesores e instructores. Vale la pena invertir en aras de obtener un mejor nivel de rendimiento.

Encontrar y contratar un mentor no tiene que ser un proceso misterioso, ni intimidante. Cuando entrevisté a Ken Blanchard, me explicó en qué consiste la simplicidad de contratar a un mentor (*SUCCESS*, enero 2010): "Lo primero que debes recordar con un mentor es que no necesitas que te dedique mucho tiempo. Recibí los mejores consejos en encuentros breves, mientras comía o desayunaba con alguien; le hablaba del proyecto en que estaba trabajando y le pedía consejo. Te sorprenderá ver lo dispuestos que están los empresarios de éxito a ser mentores de otras personas que no les exijan mucho tiempo". John Wooden reafirma el punto sobre el deseo de ser mentor (*SUCCESS*, septiembre 2008): "Ser mentor es el verdadero legado. Es la gran herencia que puedes dejarles a otros y debería ser un proceso permanente. Es la razón por la que te levantas todos los días: para enseñarles a otros y que ellos también te enseñen a ti". Luego, continuó explicando que la mentoría es también una calle de doble sentido. "Un individuo necesita ser receptivo a la mentoría. Es responsabilidad nuestra estar dispuestos a dejar que la gente que nos rodea influya, moldee y fortalezca nuestra vida y nuestra mente".

DESARROLLA TU PROPIA JUNTA PERSONAL DE CONSEJEROS

Como parte de mi plan para ser más sabio, más sistemático y actuar con mayor eficacia, además de aumentar el tiempo y la interacción con mis eminentes líderes, he ido desarrollando una junta de consejeros para que me guíen en mi vida personal.

He seleccionado con sumo cuidado a una docena de expertos, según los siguientes parámetros: la experiencia en sus campos de acción, su habilidad para el pensamiento creativo y/o el gran respeto que les profeso por quienes son. Una vez por semana, me pongo en contacto con algunos de ellos y les solicito ideas, les expongo mis consideraciones y les pido su opinión y sus aportes. Esta práctica ya me ha aportado enormes beneficios, incluso más de lo que yo mismo esperaba. Es sorprendente el talento que ellos están dispuestos a compartir cuando les muestras un interés sincero.

¿Quién debería estar en tu junta personal de consejeros?

Busca gente positiva que haya conseguido el éxito que tú quieres lograr. Recuerda el dicho: "Nunca les pidas consejo a personas por las que no te cambiarías".

III. Entorno: cambiar la panorámica cambia la perspectiva

Cuando estaba en el sector inmobiliario, en la bahía Este de San Francisco, vivía y trabajaba en un núcleo de población muy limitado. Veía el mismo tipo de gente, actuando al mismo nivel una y otra vez. Sabía que tenía que encontrar un círculo de relaciones más elevado para llegar a donde quería.

Entonces, empecé a conducir a lo largo de la bahía hasta alcanzar uno de los lugares más bellos y ricos del mundo, Tiburon, en Marin County, al Norte de San Francisco. ¿Has estado alguna vez en Mónaco? Pues Tiburon es así, pero más pintoresco. Es un lugar espectacular. Solía ir a Sam's, una marisquería muy agradable situada en el muelle. La comida era deliciosa, pero más importante que eso era su popularidad entre los residentes más ricos de la zona. Además de ir a Sam's para ampliar mis relaciones, solía sentarme en el muelle y contemplar la colina. Las casas multimillonarias que colgaban de los acantilados me dejaban boquiabierto. Había una en particular que siempre atrajo mi atención: una casa azul de cuatro pisos con un ascensor y un enorme pararrayos en el tejado. "*¿Cuál sería la casa perfecta?*", me preguntaba a mí mismo constantemente. "*Si me dieran una, ¿cuál elegiría?*". La respuesta era siempre la misma: la preciosa casa azul. Estaba en el lugar perfecto, con una vista espléndida, sin duda alguna, me parecía la mejor de todas ellas.

Un día, cuando regresaba a casa después del almuerzo, vi un cartel que anunciaba una casa en venta y pensé que sería entretenido echarle una ojeada. Guiado por una serie de carteles, seguí el zigzagueante ascenso del acantilado por las estrechas carreteras. Finalmente, llegué a la cima de la colina y encontré la casa anunciada. Cuando entré y subí a un espectacular mirador, el mundo se abrió ante mis ojos: en una panorámica de 300 grados, se divisaba la punta de la península de Tiburon, Angel Island al otro lado de la bahía, Berkeley, East Bay, Bay Bridge y la silueta completa de San Francisco dibujada por encima del Golden Gate Bridge. Salí al balcón y miré alrededor. De repente, me di cuenta de que era la casa azul que llevaba años contemplando. Firmé el contrato de compra de inmediato. La casa de mis sueños ya era mía.

En Sam's no conocí a nadie que cambiara mi vida. Sin embargo, el entorno me afectó profundamente. Ver esas casas en el acantilado estimuló mi ambición y amplió mis sueños. Acabé trabajando más de lo que nunca había trabajado con el fin de hacer esos sueños realidad, ¡y lo conseguí!

A lo mejor, los sueños que albergas en tu corazón sean más elevados que el entorno en el que vives. A veces, es necesario salir de ese entorno para ver el sueño cumplido. Es como plantar un tallito de roble en una maceta. Tan pronto como las raíces se enmarañan por la falta de espacio, el crecimiento del tallito se ve limitado, porque necesita más espacio para convertirse en un gran roble. A nosotros nos pasa lo mismo.

Cuando hablo del entorno, no me refiero solamente al lugar donde vives, también me refiero a lo que te rodea. Crear un entorno positivo, que apoye tu éxito significa deshacerte de todo el desorden que haya en tu vida. No me refiero solamente al desorden físico (aunque también es importante) que dificulta el trabajo productivo y eficaz, sino también al desorden mental creado por todo lo que te rodea (sea lo que sea) que no funciona o te avergüenza. Cada cosa que dejas sin completar en tu vida ejerce un poder debilitante que te roba la energía para lograr el éxito, como si se tratara de un vampiro chupándote la sangre. Cada promesa, compromiso y acuerdo que no cumples agota tus fuerzas, porque bloquea el momentum y frena tu habilidad para avanzar. Las tareas incompletas siguen arrastrándote al pasado para que te ocupes de ellas. Por lo tanto, piensa en el ciclo que puedes cerrar hoy.

Aparte de eso, cuando estés creando un entorno que favorezca tus objetivos, recuerda que en la vida se consigue lo que se tolera. Esto es cierto en todos los aspectos, sobre todo, en las relaciones con la familia, los amigos y los compañeros de trabajo. Lo que decides tolerar también se refleja en las situaciones y circunstancias de tu vida actual. Expresado con otras palabras: *conseguirás en la vida aquello que aceptas y esperas merecer.*

Si toleras la falta de respeto, no te respetarán. Si toleras que la gente llegue tarde y te haga esperar, se retrasarán cuando se trate de reunirse contigo. Si toleras trabajar en exceso y que te paguen mal, la situación continuará de ese modo. Si toleras estar obeso, cansado y enfermo continuamente, así será.

Es sorprendente cómo la vida se organiza de acuerdo con los estándares que cada uno determina para sí mismo. Algunas personas creen que son las víctimas del comportamiento de otras, pero en realidad, todos tenemos control sobre la forma en que nos tratan los demás. Por eso, protege tu espacio emocional, mental y físico para poder vivir en paz en lugar de soportar el caos y el estrés que el mundo te arrojará encima.

Si deseas fomentar una rutina disciplinada de ritmos y coherencia para que Gran Mo no solo te visite, sino que se quede a vivir en tu casa, debes asegurarte de que tu entorno acoge y apoya el hecho de que actúes y rindas a niveles de primera clase. Hablando de "primera clase", en el siguiente capítulo quiero ayudarte a retomar todo lo que has aprendido hasta ahora y revelarte el secreto para acelerar los resultados. Obtener resultados mejores con solo un poco más de esfuerzo parece que es hacer trampa... una ventaja injusta. Pero ¿quién te ha dicho que la vida es justa?

Resumen de las acciones por practicar

- Identifica la influencia que tienen en tu vida los medios de comunicación y la información en general. Determina de qué información debes proteger tu mente y cómo vas a mantenerla limpia con información positiva que te motive y apoye.

- Evalúa tus relaciones actuales. ¿Con quién o quiénes debes limitar tu relación? ¿A quién o a quiénes debes excluir por completo? Diseña una estrategia que te ayude a ampliar tus relaciones.

- Elige a alguien con quien puedas trabajar, haciendo rendición de cuentas mutuas. Decide cuándo, con qué regularidad y sobre qué se rendirán cuentas tú y esa persona. Decide también qué ideas esperas que ella te aporte en cada conversación.

- Identifica tres aspectos de tu vida en los que deseas centrarte y mejorarlos. Busca y asesórate de un mentor en cada uno de esos aspectos. Los mentores podrían ser gente que ya haya logrado lo que tú deseas y con la cual puedas mantener conversaciones breves; también pueden ser expertos que han escrito sus ideas en libros o las han grabado en CD.

CAPÍTULO 6

ACELERACIÓN

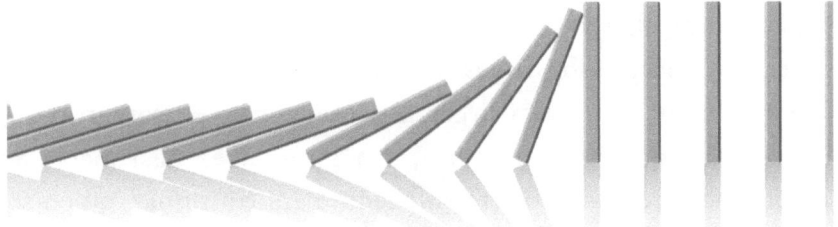

Cuando vivía en La Jolla, California, para hacer ejercicio y poner a prueba mi voluntad, recorría en bicicleta tres kilómetros en ascenso hacia el Monte Soledad. Hay pocos actos voluntarios que causen tanto dolor y sufrimiento como ascender una montaña empinada en bicicleta sin darse un descanso. Llega un momento en que "chocas contra un muro" y te encuentras cara a cara con tu fuero interno. De repente, te quedas con la verdad al desnudo, despojado de todas las imágenes e ideas que tenías sobre ti mismo. Tu mente empieza a inventarse todo tipo de excusas para que pares. Es entonces cuando te enfrentas a una de las preguntas más importantes que puedes plantearte en la vida: "¿Me obligo a mí mismo a continuar a pesar del dolor o me dejo llevar por la derrota y abandono mi causa?".

Lance Armstrong fue el tema de portada de la revista *SUCCESS* en junio de 2009. Recuerdo haberlo observado durante su primera victoria en el Tour de Francia. El tour había llegado a las extenuantes etapas del tramo de montaña y los otros ciclistas lo desestimaban, porque Lance nunca había sido famoso por su rendimiento en este tipo de terreno. El caso es que, durante el tercer ascenso, entre lluvia helada, neblina y granizo, Lance se separó de su equipo y se quedó solo, luchando contra los mejores del mundo. En el ascenso final, a 30 kilómetros de Sestriere, después de cinco horas y media de subida, los ciclistas ya estaban exhaustos, debido al durísimo esfuerzo que estaban haciendo. Cada uno de ellos necesitaba encontrar en su interior el aguante necesario y hacer usos de sus mejores habilidades, pero ¿podrían soportar el ascenso hasta llegar a la meta? Esta se convirtió en una prueba que determinaría quién sería capaz de superar la adversidad y reunir la fuerza suficiente para continuar, quién se daría por vencido y quién no.

A ocho kilómetros de la meta, la ventaja de los líderes sobre Lance era de 32 segundos, una eternidad cuando asciendes por una montaña en bicicleta. En una curva, Lance se salió del pelotón, se adelantó y alcanzó a los ciclistas que iban a la cabeza, dos escaladores de primera clase. Casi al límite de sus fuerzas, Lance aceleró y les ganó terreno también a ellos dos. Posteriormente, en su libro *Mi vuelta a la vida (It's Not About the Bike: My Journey Back to Life* - Putnam, 2000*)*, él declaró: "Es muy significativo cuando tomas ventaja y tus competidores no responden, pues esto solo demuestra que ellos la están pasando mal y, cuando eso sucede, es cuando puedes superarlos". Al límite de sus fuerzas, casi sin respiración, con los músculos de brazos y piernas adoloridos por el descomunal esfuerzo, Lance siguió pedaleando. Alguno de sus competidores lo intentó, pero nadie pudo alcanzarlo, pues ninguno tenía lo que hacía falta para hacerlo. Lance llegó a la meta, levantando los puños al cielo; el inesperado contendiente ganó la etapa de la carrera y, en última instancia, el Tour de Francia.

En este capítulo, quiero hablarte de esos momentos decisivos y de cómo *El efecto compuesto* te ayudará a abrirte camino hacia nuevos y mejores niveles de éxito más rápido de lo que te imaginas. Cuando hayas preparado, practicado, estudiado e invertido el esfuerzo necesario de forma constante, tarde o temprano, tendrás que enfrentarte a tu momento decisivo. Entonces, determinarás quién eres y quién quieres llegar a ser. Es en momentos así donde se manifiestan el crecimiento personal y el progreso: cuando seguimos adelante o nos echamos atrás, cuando subimos al podio y recogemos la medalla o cuando permanecemos entre la multitud, aplaudiendo con aire sombrío las victorias ajenas.

También examinaremos cómo rendir de manera constante, más de lo que la gente espera, aumentando así aún más tu suerte.

MOMENTOS DECISIVOS

En su autobiografía, Lance escribió: "En todas las carreras hay un momento en el que el ciclista se topa con su verdadero oponente y comprende que ese oponente es él mismo. En los momentos más duros de las carreras es cuando siento mayor curiosidad y me pregunto en cada una de esas ocasiones cómo voy a reaccionar. ¿Descubriré mis debilidades más recónditas o encontraré mi fortaleza más profunda?".

Cuando yo trabajaba en el sector inmobiliario, "chocaba contra el muro" varias veces al día. Si conducía rumbo a una propiedad cuyo acuerdo de venta estaba casi a punto de no realizarse, sintiéndome vencido por el último posible cliente, empezaba a sacar todo tipo de excusas para saltarme el hecho de tener que hacer llamadas de venta o de tener que volver a la oficina. Cuando hacía encuestas en un barrio, los perros me gruñían o comenzaba a parecerme que iba a empezar a llover. Me encontraba en medio de ese "horario lucrativo" (entre las 5:00 de la tarde y las 9:00 de la noche, de llamadas automáticas no solicitadas) y con frecuencia disgustaba a alguien al otro lado de la línea por interrumpirle cuando estaba cenando o viendo su programa favorito en la tele. Entonces, me decía a mí mismo que necesitaba un descanso para ir al baño o para beber un vaso de agua. Pero en lugar de tirar la toalla, cada vez que chocaba contra esos muros mentales tenía claro que mis competidores también estaban enfrentándose a esas mismas dificultades. Así que sabía que, si superaba ese momento, les sacaría gran ventaja. Estos fueron momentos decisivos de éxito y progreso. No era difícil, ni desagradable o desafiante correr al mismo paso que los demás, manteniéndolo, pero sin adelantarme. En otras palabras, lo que cuenta no es chocar contra ese muro, sino lo que haces *después* del impacto.

Lou Holtz, el famoso entrenador de fútbol americano, sabía que el esfuerzo extra, añadido al hecho de entregarse al máximo, era lo que lo llevaba a la victoria. En un partido, su equipo iba perdiendo al final de la primera parte con una puntuación de 42 a 2. En el descanso, Lou le mostró al equipo un vídeo con imágenes de ese esfuerzo extra para bloquear y recuperar el balón. Les dijo a sus jugadores que no estaban en el equipo, porque podían dar lo mejor de sí en cada juego, pues eso era lo normal. Les dijo que estaban en su equipo por su capacidad de aportar ese esfuerzo extra fundamental en cada partido. Sus palabras dejaron claro que lo que marca la diferencia es el esfuerzo extra añadido tras el rendimiento máximo. Su equipo ganó el partido en la segunda parte. Así es como se gana. Muhammad Ali fue unos de los mejores boxeadores de todos los tiempos, no solo por su velocidad y agilidad, sino también por su estrategia. El 30 de octubre de 1974, Ali recuperó el título de campeón de pesos pesados, superando a George Foreman.

Fue unas de las derrotas más sonadas de la Historia del Boxeo, conocida como *"Rumble in the Jungle" ("Terremoto en la jungla")*. Casi nadie, ni siquiera su seguidor más fiel, Howard Cosell, pensaba que el antiguo campeón tenía posibilidades de ganar. Joe Frazier y Ken Norton habían derrotado a Ali previamente y George Foreman había noqueado a ambos tan solo en el segundo asalto. ¿Cuál fue la estrategia de Ali? Aprovecharse de un punto débil del joven campeón: su falta de aguante. Ali sabía que, si empujaba a Foreman al límite de sus fuerzas (el muro que mencionamos antes), podría aventajarlo. Así es como Ali ideó la táctica conocida más tarde como *"Rope-a-Dope"*. Ali se apoyó en las cuerdas, protegiéndose la cara, y resistió los cientos de golpes propinados por Foreman en los siete primeros asaltos. Al llegar al octavo, Foreman estaba agotado (había "chocado" contra su propio muro"). Fue entonces cuando Ali lo noqueó con una combinación en el centro del ring.

Según desde donde lo mires, chocar contra ese muro no es un obstáculo, es una oportunidad. Durante el segundo intento de Lance Armstrong por ganar el Tour de Francia llegaron de nuevo las etapas de montaña. La primera escalada tendría lugar donde él sufrió un accidente tremendo a principios de ese mismo año, causándole una conmoción y la rotura de la séptima vértebra lumbar. Fue en un día lluvioso de primavera y en ese momento del Tour también estaba lloviendo. Sin embargo, en lugar de preocuparse, atemorizarse o titubear, se dijo a sí mismo: "Este es un tiempo perfecto para atacar, porque sé que los demás se atemorizan ante este clima. Creo que a nadie en el mundo se le da mejor sufrir que a mí, así que este será un buen día".

Tenía razón, Lance consiguió la victoria por segunda vez. Cuando las condiciones son favorables, las cosas son fáciles, no hay distracciones, nadie interrumpe, no surgen tentaciones y nada perturba nuestros largos y acelerados pasos. Pero es también cuando casi todo el mundo consigue buenos resultados. Hasta que no surgen situaciones difíciles, problemas y tentaciones enormes, no demostramos que merecemos progresar. Como diría Jim Rohn: "No desees que sea más fácil, desea ser mejor".

Cada vez que choques contra ese muro en el ejercicio de tus disciplinas, rutinas, ritmos y constancia, comprende que estás separándote de tu antiguo "yo", que estás escalando el muro y encontrando un nuevo "yo" más fuerte, más triunfador y victorioso.

MULTIPLICA TUS RESULTADOS

Quiero ofrecerte una gran oportunidad. Hemos hablado de esas sencillas disciplinas y comportamientos que, acumulados durante un tiempo específico, producen resultados sorprendentes e impresionantes. ¿Qué te parecería si pudieras acelerar el proceso y multiplicar esos resultados? ¿Te interesaría? Quiero mostrarte cómo un poco más de esfuerzo aumenta de manera exponencial los resultados.

Supongamos que empezaste un entrenamiento con pesas y tu programa exige 12 repeticiones de un peso determinado. Si haces 12, cumples con el programa previsto. Buen trabajo. Sé constante y al final verás el excelente resultado de esa acumulación de disciplina. Pero si una vez que haces 12, que es tu máximo, te esfuerzas por hacer otras dos o tres repeticiones, el impacto de esa serie se multiplicará. No solo estás añadiéndole unas repeticiones más al total de tu entrenamiento. No, esas repeticiones forzadas que haces después de alcanzar tu máximo *multiplican* el resultado. Significan que has atravesado el muro de tus límites. Con las 12 repeticiones llegaste al muro, sin embargo, el verdadero desarrollo ocurre con lo que haces *después*, una vez que has llegado al que crees que es tu máximo esfuerzo.

Arnold Schwarzenegger popularizó un método de entrenamiento con pesas conocido como *"The Cheating Principle" ("El Principio de la Trampa")*. Arnold era un purista, es decir, insistía mucho en implementar una técnica perfecta. Sostenía que, tan pronto como llegamos a nuestro máximo de levantamientos con la técnica correcta, si ajustamos las muñecas, o nos inclinamos hacia atrás para que otros músculos ayuden a los que realmente tienen que trabajar (haciendo un poco de trampa), podríamos hacer cinco o seis repeticiones más, lo cual mejoraría considerablemente el resultado de esa serie de repeticiones. De hecho, obtienes el mismo resultado si un compañero de entrenamiento te ayuda a realizar esas últimas repeticiones que no puedes hacer tú solo.

Si eres corredor, sabes de lo que estoy hablando. Alcanzas el objetivo impuesto para ese día y llegas al límite de tus fuerzas, sientes el esfuerzo en los músculos (alcanzas el muro), pero avanzas un poco más. Ese "poco más" es en realidad una ampliación enorme de tus límites. Has multiplicado los resultados de esa simple carrera. Recuerda la historia del penique mágico de la que hablamos en el Capítulo 1 y que duplicaba su valor cada día, ilustrando así el resultado de pequeñas acciones acumuladas. Si cada semana le aplicaras una duplicación extra al penique, a los 30 días, el resultado acumulado del penique sería de millones de dólares en lugar de $10. De nuevo, un pequeño esfuerzo extra en cuatro días supone un resultado muchísimo mayor. Así es como funcionan los cálculos cuando haces un poco más de lo esperado.

Verte a ti mismo como el competidor más duro es uno de los mejores métodos para multiplicar resultados. Cuando llegues al muro, sigue adelante. Otra forma de multiplicar los resultados es superando las expectativas que *otros* tengan acerca de ti, es decir, haciendo más de lo considerado como "suficiente".

VENCE LAS EXPECTATIVAS

Oprah (presentadora de televisión, actriz, empresaria y productora americana) es famosa por utilizar este principio: echa por tierra las expectativas de cualquiera con tu generosidad y capacidad para vivir y trabajar a lo GRANDE. En septiembre de 2004, Oprah lanzó la decimonovena temporada de su programa. En América, algunos lo recordarán, porque, cuando se trata de Oprah, hay que esperar bombos y platillos... y en esa ocasión, ella se superó a sí misma. Aquel programa de apertura fue el tema de conversación de todo el mundo y de todos los medios de comunicación durante días y días.

Retrocedamos a ese momento... La gente del público fue seleccionada entre personas cuyos amigos o familiares habían escrito al programa, explicando que ellas necesitaban desesperadamente un auto nuevo. Oprah comenzó el programa reuniendo a 11 personas en el escenario. Le regaló a cada una de ellas un auto, un Pontiac G6 modelo 2005. A continuación, llegó la gran sorpresa: superando todas las expectativas, distribuyó cajas de regalos entre todo el público, anunciando que una de ellas tenía la llave para otro auto más. Cuando los asistentes abrieron las cajas, se encontraron con que todas ellas tenían un juego de llaves. Mientras, Oprah gritaba: "¡Autos para todos, autos para todos!".

Aunque este sea el ejemplo más representativo, Oprah continúa rebasando las expectativas en casi todo lo que hace. En otro episodio, sorprendió a una chica de 20 años que había pasado varios años en familias de acogida y en refugios para gente sin hogar y le regaló una beca universitaria de cuatro años, un cambio de imagen y $10.000 dólares en ropa. En otra ocasión, a una familia de acogida con ocho niños que iba a perder su hogar, Oprah le regaló $130.000 dólares para que pagaran y arreglaran su casa.

En este momento, estarás pensando que nada de esto es extraordinario, ya que Oprah se puede permitir hacer este tipo de cosas. La realidad es que hay muchas otras personas en la misma posición que ella (con el mismo dinero y la misma fama) que podrían hacer lo mismo, pero nunca se aventuran en el reino de lo extraordinario. En cambio, ella sí. Eso es lo que la convierte en lo que es y debemos aprender de su ejemplo. Tú también puedes hacer más de lo que se espera de ti en cada aspecto de tu vida.

Cuando llegó el momento de pedirle a Georgia, mi mujer, que se casara conmigo, yo podría haber hecho lo habitual: visitar a su padre y pedirle la mano de su hija. En cambio, decidí presentarle mis respetos a su padre con un discurso en portugués (la hermana de Georgia tradujo todo lo que yo quería decir). Él entendía el inglés bastante bien, pero no se sentía 100% cómodo con este idioma. Así que durante todo el camino de Los Ángeles a San Diego ensayé lo que iba a decir. Entré por la puerta con flores y regalos y le pedí a su padre que viniera a la sala de estar donde nos encontrábamos. Le presenté el discurso que había memorizado. Gracias a Dios, su respuesta fue: "Sí".

La cosa no quedó ahí. Al volver, y durante un período de dos días, llamé a los CINCO hermanos de mi mujer y les pedí su aprobación para unirme a la familia. Algunos fueron fáciles de convencer, otros hicieron que me "lo ganara". La cuestión es que Georgia me dijo posteriormente que los detalles más especiales de mi proposición matrimonial fueron el modo en que honré a su padre, el gesto de llamar a todos sus hermanos y pedirle a su hermana que me enseñara portugués. Con todo ello, la petición de su mano se convirtió en algo mucho más especial de lo normal y el resultado de ese esfuerzo extra fue recompensado de forma exponencial.

Stuart Johnson es propietario de la empresa matriz de *SUCCESS*, VideoPlus L.P. Stuart invirtió mucho dinero y arriesgó una reputación de 22 años para adquirir la revista *SUCCESS*, SUCCESS.com y el resto de las propiedades de SUCCESS Media. Aquel fue un paso atrevido y arriesgado al coincidir con la situación económica más difícil de la Historia Moderna. Además, el campo editorial era considerado como poco propicio, pero él hizo incluso más de lo que podía esperarse de él. En un momento en que la nueva empresa todavía andaba a tientas (es decir, funcionaba con un déficit), y que sus negocios principales habían sufrido un revés, como para el resto del mundo, debido a la crisis económica de 2008 y 2009, Stuart creó una fundación sin fines de lucro dedicada a los niños. Si iba a entregarse a enseñar principios básicos de desarrollo personal al mundo, quería estar especialmente seguro de que la información llegara a los adolescentes. Fue así como creó la Fundación SUCCESS (www.SUCCESSFoundation.org). Además, escribió una compilación de los principios básicos del éxito personal en un libro titulado *SUCCESS for Teens (SUCCESS para adolescentes)*, el cual distribuye a través de socios comerciales responsables y de organizaciones no lucrativas, con el fin de contribuir a la educación de los jóvenes.

Stuart financió personalmente la administración y gestión de SUCCESS Foundation y, durante el primer año, con la ayuda de unos buenos amigos, financió la distribución de más de 1 millón de libros. Actualmente, ese número es mayor y sigue aumentando. Stuart ya anticipaba inversiones cuantiosas y grandes riesgos sin contar con la carga de la financiación de la fundación. A pesar de todo, la contribución y dedicación adicionales a favor de la fundación multiplicó por mucho más la afirmación de su entrega a los ojos de posibles socios, la prensa, sus iguales y su personal. Estaba haciendo más de lo que se esperaba de él, lo cual decía mucho de su persona.

Dicho esto, ¿en qué aspectos de tu vida puedes hacer más de lo que se espera de ti cuando ya alcanzaste el límite de tus fuerzas?

¿En qué aspectos podrías lograr un éxito deslumbrante? No supone mucho más esfuerzo, pero ese pequeño empujón extra multiplicará los resultados por muchas más veces. Tanto si estás haciendo llamadas, atendiendo a clientes, expresándole tus agradecimientos a tu equipo de trabajo, valorando a tu pareja, corriendo, haciendo pesas, planeando una velada o pasando tiempo con tus hijos, pregúntate: ¿qué pequeño elemento extra puedo añadir para superar las expectativas y acelerar los resultados?

HAZ ALGO INESPERADO

Me encanta llevar la contraria. Dime lo que hace todo el mundo, cuál es la opinión general, qué es popular y verás que, como siempre, yo optaré por lo opuesto. Si toda la gente hace "zig", yo hago "zag". Para mí, lo que es popular es mediocre y corriente. Las cosas corrientes generan resultados corrientes. En América, el restaurante más popular es McDonald's, la bebida más popular es Coca Cola, la cerveza más popular es Budweiser, el vino más popular es Franzia (sí, eso que viene en una caja). Consume estos artículos tan "populares" y tú también formarás parte de la manada de personas comunes y corrientes. Todo eso es ordinario en el sentido de que es común y no tiene nada de malo, pero yo prefiero lo extraordinario.

Por ejemplo, todo el mundo manda postales de Navidad. Yo creo que, como todo el mundo lo hace, estas postales no generan mucho impacto emocional. Por eso, prefiero mandar tarjetas de Acción de Gracias (una celebración muy arraigada en América). ¿Cuántas postales se reciben en ocasiones como esta? Exactamente, y es por eso que la acción en sí comunica algo. En lugar de utilizar esas tarjetas de "buenos deseos" diseñadas por ordenadores y impresas en masa, prefiero escribir y enviar sentimientos personales que expresen lo agradecido que estoy por conocer a esa persona y lo que ella significa para mí. El esfuerzo es el mismo, pero el impacto es mucho mayor.

Richard Branson forjó su carrera profesional haciendo lo inesperado. Me encanta ver cuando él lanza una empresa. Cada proeza es más atrevida, más impresionante y más inesperada que la anterior. Tanto si es volar en un globo, dando la vuelta al mundo, como conducir un tanque en la Quinta Avenida de Nueva York o introducir Virgin Cola en los Estados Unidos, Richard siempre nos ofrece lo inesperado. Le bastaría con hacer lo típico: un comunicado de prensa, una o dos ruedas de prensa, una fiesta de lujo y nada más. Pero no, él prefiere lo asombroso. Probablemente, gasta tanto (y a veces menos) que otras empresas en el lanzamiento de un producto, pero él lo hace con un estilo inesperado. Es indudable que el factor sorpresa transmite algo más y multiplica el impacto de su esfuerzo.

Por lo general, el esfuerzo extra no cuesta mucho más dinero, ni tampoco más energía. Cuando trabajaba en el sector inmobiliario, todo el mundo hacía llamadas para gestionar la renovación de acuerdos de venta caducados. Así que, a diferencia de los demás, yo me montaba en mi auto y me presentaba en la casa del cliente con el cartel de "VENDIDO". Cuando me abría la puerta, le decía: "Tome, lo necesitará si me contrata para gestionar su acuerdo de venta". Con el dinero que me costaba tener el tanque lleno de gasolina, de inmediato y de forma exponencial, aumentaba mis posibilidades de conseguir ese negocio.

Hace poco, Alex, un amigo mío, estaba interesado en un excelente trabajo. Él vive en California y el trabajo era en Boston. Lo cierto es que quedó seleccionado entre los 12 últimos candidatos. Entrevistarían a los candidatos locales en persona y a los demás mediante videoconferencia. Entonces, Alex me llamó y me preguntó si yo sabía cómo realizar una videoconferencia con cámara web.

"¿Cuánto deseas este trabajo?", le pregunté.

"Es el trabajo de mis sueños", me respondió. "Representa todo para lo que me he estado preparando durante 45 años".

"Si es así, coge un avión y preséntate en persona", le dije.

"No hace falta", me respondió. "Los tres finalistas volarán hasta allá para la entrevista final".

"Escucha", agregué, "si quieres ser uno de los tres finalistas, debes destacarte haciendo algo inesperado. Vuela de inmediato de costa a costa y preséntate en persona. Así es como te harás notar".

Si yo tengo la mira puesta en algo, voy con todo lo que necesito y más para asegurarme de conseguirlo. Lanzo unas campañas que denomino "sorpresa y ataque" (como la táctica militar de dominación rápida). De modo que le sugerí a Alex que, durante esta búsqueda de trabajo, utilizara todos los recursos que tuviera a su alcance, que atacara desde cualquier ángulo posible y que lo hiciera incesantemente.

"Averigua todo lo que puedas sobre las personas que van a decidir", le aconsejé. "Entérate de sus intereses, sus aficiones, las de sus hijos, parejas, vecinos, etc. Mándales libros, artículos, regalos y otros recursos que pudieran interesarles. ¿Es pasarse un poco? Claro que sí, pero esa es la cuestión. De ese modo, sabrán que intentas congraciarte con ellos y apreciarán tus agallas y tu creatividad; desde luego, te vas a ganar su atención y hasta su respeto". Continué diciéndole: "Haz averiguaciones sobre toda la gente de la organización. Elabora una lista y revísala con tu red de contactos para ver si conocen a alguien que a su vez pudiera conocer a alguna persona de esta organización. Busca cada nombre en tu base de datos LinkedIn. Encuentra algunas personas con las cuales podrías ponerte en contacto. Habla con ellas y pídeles que te recomienden. Envíales regalos, notas y otros detalles y pídeles que por favor las entreguen en la propia mano de quienes toman las decisiones. Utiliza el teléfono, fax, correo electrónico, mensajes de texto, Twitter, Facebook, etc., a medida que continúas en el proceso de selección. ¿Podría resultar demasiado agresivo? ¡Por supuesto que sí! Pero en mi experiencia he aprendido que, si eres demasiado agresivo, en general, pierdes una oportunidad de cada cinco, ¡pero te quedas con las otras cuatro!".

Por cierto, Alex no siguió mis consejos y no consiguió el trabajo. Ni siguiera llegó a los tres finalistas. Puedo decir, sin miedo a equivocarme, que él era un candidato mucho mejor que el que contrataron, pero él no hizo el esfuerzo extra que se requería para que lo eligieran y esto le costó el trabajo de sus sueños.

Estoy en la junta de una empresa que necesitaba la firma de un congresista para darle luz verde a un proyecto importante. Este hombre no cedía, no por la propuesta en sí misma, sino por intereses políticos que le exigían que estuviera en contra de otros que públicamente apoyaban el proyecto. En lugar de insistirle con más ruegos inútiles para que cambiara de opinión, sugerí que fuéramos directo a ver a su jefe, es decir, a su mujer. Así que revisamos nuestra red de contactos hasta que encontramos a una persona que nos condujo a alguien que la conocía. Luego, esperamos a que ella saliera de un oficio religioso al que había asistido y su amigo nos presentó. Le explicamos el caso y la causa, que era construir unas instalaciones de actividades extraescolares en un barrio deprimido, junto con lo que esto supondría para cientos de niños si su marido nos apoyaba. No hace falta decir que el martes de la semana siguiente teníamos la firma y la empresa consiguió el proyecto.

En una sociedad como la nuestra, saturada de propaganda y con falta de atención, hay veces en que hacer lo inesperado es la forma de hacernos notar. Si tienes una causa o un ideal que merezca la atención, haz lo que sea, incluso lo inesperado, para que te escuchen. Sé más atrevido.

RINDE MÁS DE LO QUE SE ESPERA DE TI

Pertenezco a la junta directiva de otra organización sin fines lucrativos, Invisible Children (Niños invisibles) (www.InvisibleChildren.com), que ayuda a rescatar a niños secuestrados y obligados a ser soldados en el Norte de Uganda y El Congo. Entonces, con el fin de conseguir mayor toma de conciencia para esta causa, la junta organizó un evento en 100 ciudades llamado "The Rescue" ("El rescate"), en el cual más de 800.000 jóvenes acamparon al aire libre, esperando a "ser rescatados" por personajes destacados de la comunidad, todo con tal de atraer su atención y su apoyo. Después de cuatro días, en todas las ciudades, menos en una, se había efectuado el rescate con la presencia de personajes como los senadores Ted Kennedy y John Kerry, Val Kilmer, Kristen Bell y otros muchos que participaron en las 99 ciudades. La última ciudad para efectuar el rescate era Chicago y se necesitaba de la participación de Oprah (personaje ya antes mencionado). Pasaron seis días y Oprah no se presentaba. El cuarto día, la junta organizó una marcha alrededor de sus estudios. Al siguiente día, los jóvenes presentaron un espectáculo de música y baile que duró todo el día y toda la noche. El sexto día, después de soportar el mal tiempo y de dormir bajo la lluvia, los más de 500 participantes rodearon el estudio de Oprah y permanecieron de pie en silencio, sujetando carteles desde las 3.30 de la madrugada. Esa mañana, Oprah salió de Harpo Studios y habló con los fundadores de la organización e invitó al grupo entero a participar en el programa que se emitiría en vivo esa mañana ante más de 20 millones de telespectadores. La atención suscitada llevó a Invisible Children al programa de entrevistas Larry King Live y a otros 232 programas informativos, alcanzando en total a más de 65 millones de personas. En la actualidad, el Congreso está estudiando un proyecto de ley para apoyar el trabajo de Invisible Children para salvar a estos niños. La organización ya había logrado más de lo esperado con el evento de rescates, pero esas agallas y tenacidad extra para rescatar la última ciudad (y captar la atención de Oprah) provocaron que Invisible Children consiguiera a su mayor defensora hasta la fecha, lo cual multiplicó los resultados por mucho más.

Por todo esto, es crucial que aprendas a identificar cuál es el límite de cualquier expectativa y lo superes, aunque se trate de algo insignificante (o quizás, es ahí donde más debes esmerarte). Por ejemplo, cuando asisto a un evento, no importa cuáles sean las normas de etiqueta requeridas, siempre opto por mejorarlas. Si tengo dudas sobre el código de vestuario requerido, siempre prefiero pecar por ir más elegante de lo que exige la ocasión. Sencillo, lo admito, pero es otra manera para mí de ser coherente con mis convicciones para siempre actuar y ser mejor de lo que se espera de mí.

Cuando preparo discursos para grandes empresas, paso una cantidad considerable de tiempo preparándome y aprendiendo sobre la organización a la cual me voy a dirigir: sus productos, mercados y lo que esperan de mi charla. Mi meta es exceder de modo considerable sus expectativas y eso solo se consigue con una preparación incansable. Superar las expectativas llega a ser una parte importante de la reputación. Tener fama de optar por lo excepcional multiplica mucho más los resultados en el mundo de los negocios.

Trabajé con un director ejecutivo cuya filosofía era pagarle al personal, incluidos comerciales y proveedores, unos días antes de lo estipulado en el contrato. No dejaba de sorprenderme el hecho de recibir un cheque el 27 de cada mes como pago por el mes siguiente. Le pregunté el porqué, y me contestó lo más obvio: "Es el mismo dinero, pero la sorpresa y la buena voluntad que genera este gesto son inmensas, entonces, ¿por qué no hacerlo de ese modo?".

Esta es una las razones por las que admiro tanto a Steve Jobs. De todos los extraordinarios personajes que han figurado en la portada de *SUCCESS*, Jobs es uno de mis favoritos. No importa lo que esperes del lanzamiento del siguiente producto de Apple, Jobs siempre tiene un pequeño (o gran) elemento extra para impresionar. Comparado con otras acciones mayores, puede tratarse de una diminuta adición, pero, aun así, es mejor de lo esperado y multiplica la impresión y la reacción de los clientes, fomentando su lealtad. En un mundo en que la mayor parte de las cosas no cumple las expectativas, tú puedes acelerar tus resultados de forma significativa si te destacas del resto, aportando más de lo esperado. Me encanta la audacia de lo que dijo Robert Schuller en la entrevista que dio en *SUCCESS* (diciembre 2008): "Ninguna idea merece la pena, a menos que inspire una expresión de gran sorpresa".

La empresa Nordstrom es conocida por lo siguiente: en lo que respecta al servicio al cliente, siempre se esfuerza por superarse. Son múltiples los casos en los que la empresa ha aceptado la devolución de artículos comprados un año antes, sin recibo y, en algunas ocasiones, adquiridos en otras sucursales. ¿Por qué lo hace? Porque sabe que, al exceder las expectativas, está fomentando la confianza y lealtad de sus clientes. El resultado es una reputación extraordinaria que sigue atrayendo la atención. En síntesis, lo que quiero mostrarte con estos ejemplos es cómo el multiplicador de beneficios va en aumento.

Te reto a adoptar esta filosofía en tu vida, en tus costumbres diarias, disciplinas y rutinas. Dedicarle más tiempo, energía y reflexión a tu esfuerzo no solo mejorará los resultados obtenidos, sino que los multiplicará. Solo necesitas un pequeño extra para ser EXTRAORDINARIO. Por consiguiente, examina todos los aspectos de tu vida y busca las oportunidades de multiplicación donde puedas llegar más lejos, exigirte un poco más, durar más tiempo, prepararte mejor y entregar un poco más. ¿En qué puedes mejorar y superar las expectativas? ¿Cuándo puedes hacer algo totalmente inesperado? Busca tantas oportunidades de impresionar como sea posible, te sorprenderá (no solo a ti mismo, sino también a todos los que te rodean) el nivel y la velocidad de tus logros.

Resumen de las acciones por practicar

- ¿En qué situaciones te enfrentas a momentos decisivos (p.ej. realizando llamadas de captación de clientes, haciendo ejercicio, comunicándote con tu pareja e hijos)? Identifícalas para saber cuándo debes esforzarte más con el fin de ampliar tu desarrollo personal y dónde puedes diferenciarte de los demás y de tu antiguo "yo".

- Busca tres aspectos de tu vida en los cuales puedas añadir un esfuerzo extra (p.ej. haciendo más repeticiones en tu entrenamiento de pesas, así como más llamadas a tus posibles clientes, manifestando reconocimiento y sentimientos de agradecimiento hacia los demás, etc.).

- Identifica tres aspectos de tu vida en los cuales puedas superar las expectativas. ¿Dónde y cómo podrías impactar?

- Identifica tres maneras de lograr lo inesperado. ¿Dónde habría una diferencia entre lo corriente, lo normal y lo esperado?

CONCLUSIÓN

Aprender sin practicar es inútil. No he escrito este libro por diversión (no es cosa fácil) o solo para motivarte. La motivación por sí sola, sin acción, conduce al engaño. Como comentaba en la introducción, *El efecto compuesto* y los resultados que este producirá en tu vida son el objetivo fundamental de este libro. Nunca más soñarás con que el éxito te encuentre. *El efecto compuesto* es una herramienta que, combinada con acciones positivas y constantes, cambiará tu vida de forma real y duradera. Deja que este libro y su filosofía se conviertan en tu guía. Permite que las ideas y estrategias de éxito te convenzan y generen resultados auténticos palpables y medibles. Cuando percibas que los malos hábitos, a primera vista inofensivos, vuelven a apoderarse de ti, retoma la lectura de este libro. Cuando tu constancia sufra un bajón, lee este libro. Cuando desees reavivar tu motivación y reafirmar el poder de tus objetivos, vuelva a leer este libro. Siempre que lo hagas, atraerás a Gran Mo para que venga a visitarte.

Permíteme compartirte mis motivaciones. Mi valor esencial en la vida es la trascendencia. Mi deseo es contribuir a que otras personas mejoren tu vida. Y para cumplir mi misión, necesito que tú logres tus objetivos. Lo que me interesa es el testimonio de los resultados que han cambiado tu vida. Quiero recibir de ti un correo electrónico o una carta o que me saludes en el aeropuerto el año que viene (o dentro de cinco o diez años) para contarme los resultados tan increíbles que has logrado gracias a las ideas aprendidas a lo largo de esta lectura Solo entonces, sabré que he logrado mis metas y objetivos y que estoy viviendo de acuerdo con los valores esenciales de mi vida.

Para conseguir esos resultados (y yo tu testimonio), debes aplicar de inmediato las nuevas ideas y conocimientos aquí adquiridos. Recuerda que las ideas sin acción son un derroche y no quiero que eso suceda. Es el momento de actuar según tus nuevas convicciones. Ahora, el poder está en tus manos y espero que lo aproveches.

Estás preparado para introducir cambios drásticos, ¿verdad? Por supuesto, la respuesta obvia es SÍ. A pesar de ello, sabrás muy bien que una cosa es decirlo y otra distinta es ponerlo en práctica. Para obtener resultados diferentes tendrás que hacer las cosas de otro modo.

No importa el lugar o momento en que encuentres este libro. Si pudiera, te plantearía unas sencillas preguntas y te invitaría a que retrocedieras mentalmente unos cinco años. ¿Te encuentras ahora en el lugar que esperabas estar hace cinco años? ¿Has dejado los malos hábitos que prometiste dejar? ¿Has conseguido el estado físico que deseabas? ¿Tienes ingresos abundantes, un estilo de vida envidiable y la libertad personal que esperabas? ¿Gozas de una salud espléndida, de relaciones colmadas de cariño y de habilidades de primera clase que pensabas haber conseguido a estas alturas de tu vida? Si no tienes todo esto, ¿cuál es la razón? La respuesta es muy sencilla: se debe a tus elecciones o decisiones.

Es hora de elegir otras cosas. Elige no dejar que los próximos cinco años sean una continuación de los cinco pasados. Opta por cambiar tu vida de una vez por todas.

Debemos conseguir que los próximos cinco años de tu vida sean increíblemente diferentes a los cinco pasados. Mi esperanza es que te hayas quitado ya la venda de los ojos. Ahora, ya conoces la verdad respecto a lo que conlleva tener éxito. No tienes más excusas. Como yo, no dejarás que te engañen los trucos más novedosos, ni te tentarán las soluciones rápidas. Permanecerás centrado en disciplinas sencillas, pero profundas que te conducirán en dirección de tus deseos. Ya sabes que el éxito no se consigue de la noche a la mañana. Entiendes que, cuando te comprometes a realizar elecciones positivas en cada momento (aunque no haya resultados visibles instantáneos), *El efecto compuesto* te lanzará a metas tan altas que te sorprenderás y dejarás perplejos a tus amigos, familiares y competidores. Si permaneces fiel a tu motivo y mantienes constancia en la práctica de nuevos comportamientos y hábitos, el momentum te empujará rápidamente hacia delante. Entonces, con esa combinación de momentum y constantes acciones positivas, será imposible que los próximos cinco años sean como los cinco anteriores. Al contrario, cuando *El efecto compuesto* funcione a tu favor, apuesto a que experimentarás un éxito que ahora mismo ni siquiera alcanzas a imaginar. ¡Será increíble!

Tengo otro principio de éxito que deseo compartir contigo. Independientemente de lo que yo quiera en la vida, la mejor forma de conseguirlo es centrar mi energía en darles a los demás. Si quiero estimular la confianza en mí mismo, busco formas para ayudarles a otros a hacer lo mismo. Si quiero sentirme más esperanzado, positivo e inspirado, intento potenciar esto mismo en otras personas. Si quiero más éxito para mí, la manera más rápida de lograrlo es ayudándole a alguien a obtenerlo.

En otras palabras, si ayudas a otros y les dedica tu tiempo y energía, te convertirás en el mayor beneficiario de tu filosofía personal, es como una reacción en cadena. A modo de primer paso para mejorar tu trayectoria en la vida, te pido que apliques este modo de pensar. Si este libro te ha servido y ayudado de alguna manera, piensa en la posibilidad de darle una copia de este a cinco personas que te importen y que deseen triunfar. Pueden ser familiares, amigos, compañeros de equipo, proveedores, el dueño de tu tienda local favorita o también alguien a quien acabas de conocer y a quien le deseas una vida mejor. Sé que puede sonar egoísta, como si solo quisiera beneficiarme. Y realmente así es. Recuerda que lo más importante para mí son los testimonios de triunfos. Mi meta es favorecer a miles de personas, pero para lograrlo necesito tu ayuda. No obstante, te prometo lo siguiente: tú serás el mayor beneficiado. Cuando le ayudes a alguien a encontrar ideas para conseguir mayor éxito, estarás dando el primer paso para aplicarlas en tu propia vida. Y al mismo tiempo, contribuirás a enriquecer la vida de otros. Este libro podría cambiar para siempre el curso de la vida de alguien… y podrías ser tú quien se lo hayas proporcionado. Sin ti, quizás esa persona no lo hubiera encontrado.

Escribe el nombre de las cinco personas a las que les darás una copia de este libro:

1) _____

2) _____

3) _____

4) _____

5) _____

Gracias por dedicarme tu preciado tiempo. Estoy deseando leer el relato acerca de tu éxito.

¡Brindemos por TU éxito!

Darren Hardy

GUÍA DE RECURSOS

EVALUACIÓN DE GRATITUD

Las tres personas más especiales en mi vida son:

1. _____

2. _____

3. _____

Mis tres mejores características físicas son:

1. _____

2. _____

3. _____

Las tres cualidades más especiales de mi hogar y del lugar en el que vivo son:

1. _____

2. _____

3. _____

Las tres cualidades más especiales del lugar donde trabajo y de mi cargo son:

1. _____

2. _____

3. _____

Las tres grandes facultades, los talentos y las habilidades singulares con las que estoy dotado son:

1. _____

2. _____

3. _____

Los tres dones de conocimiento y experiencia que he recibido son:

1. _____

2. _____

3. _____

Las tres situaciones en las que he sido más afortunado en mi vida son:

1. _____

2. _____

3. _____

Los tres aspectos de mi vida en los que identifico riqueza, abundancia y prosperidad son:

1. _____

2. _____

3. _____

EVALUACIÓN DE VALORES ESENCIALES

Los valores son el sistema de navegación para movernos por la vida. Uno de los pasos más importantes para dirigir nuestra vida hacia los sueños que deseamos hacer realidad es definir y calibrar apropiadamente dichos valores. Las preguntas que encontrarás a continuación te ayudarán a evaluar y afinar lo que realmente es de más valor e importancia en tu vida. Piensa en tus respuestas detenidamente. Luego, te ayudaré a seleccionar tus seis primeros valores esenciales.

¿Quién es la persona que más respeto? ¿Cuáles son sus valores esenciales?

_____

_____

_____

¿Quién es mi mejor amigo/a? ¿Cuáles son sus tres cualidades principales?

_____

_____

_____

Si pudiera conseguir de inmediato más de una determinada cualdad, ¿qué cualidad sería?

_____

_____

_____

¿Cuáles son las tres cosas que más odio? (p. ej.: maltrato de animales, compañías de tarjetas de crédito, despoblación forestal, etc.)

_____

_____

_____

¿Qué tres personas me desagradan más? ¿Por qué?

_____

_____

_____

EVALUACIÓN DE LA VIDA

Enfréntate a la verdad

Aquí, no hay respuestas incorrectas, ni hay calificación o puntuación, ni tampoco una interpretación de tus respuestas. Esta no es más que una evaluación seria de tu vida. Sé honesto y sincero contigo mismo. Cuando la sinceridad de la respuesta sea embarazosa o dolorosa, recuerda que nadie tiene por qué verla y que nunca conseguirás tener éxito si te engaña a ti mismo.

Elije una puntuación en una escala del 1 al 5, donde

1= Lo menos verdadero, 5= Totalmente verdadero

Relaciones y familia	
Cada semana, le dedico, al menos, 10 horas a mi familia.	1 2 3 4 5
Me reúno con mis amigos, al menos, una vez por semana.	1 2 3 4 5
No hay nadie de mi familia a quien yo haya olvidado por completo.	1 2 3 4 5
Estoy entregado a aprender cómo ser mejor como pareja/padre o amigo.	1 2 3 4 5
Busco formas de apoyar y ayudar a mi familia y a mis amigos para que progresen.	1 2 3 4 5
Asumo responsabilidad completa cuando surgen los conflictos de relaciones.	1 2 3 4 5
Confío fácilmente en las personas que amo y con las que trabajo.	1 2 3 4 5
Soy honesto y abierto al 100% con las personas con las que vivo y trabajo.	1 2 3 4 5
Me resulta fácil comprometerme con los demás y cumplir con las responsabilidades adquiridas.	1 2 3 4 5
Admito cuándo necesito apoyo y siempre busco ayuda.	1 2 3 4 5
Resultado total:	

Atención y cuidado del cuerpo	
Practico ejercicios con pesas, al menos, 3 veces por semana.	1 2 3 4 5
Practico ejercicio cardiovascular, al menos, 3 veces por semana.	1 2 3 4 5
Practico estiramientos y/o yoga, al menos, 3 veces por semana.	1 2 3 4 5
No suelo ver más de una hora de televisión al día.	1 2 3 4 5
Preparo un desayuno equilibrado (algo más que un café) todos los días.	1 2 3 4 5
Nunca consumo comida rápida.	1 2 3 4 5
Paso 30 minutos al aire libre, al menos, 30 minutos al día.	1 2 3 4 5
Duermo, mínimo, 8 horas todas las noches.	1 2 3 4 5
No tomo más de una bebida con cafeína al día.	1 2 3 4 5
Bebo, al menos, 8 vasos de agua al día.	1 2 3 4 5
Resultado total:	

DISEÑO DE OBJETIVOS

Pautas

La introducción de pequeños ajustes, a primera vista insignificantes, convierten los deseos y aspiraciones en resultados.

1. Pensarlo no es suficiente: ponlo por escrito

Incluso la tinta menos intensa tiene más fuerza que la mente más potente. Si no escribes tus objetivos, se perderán en la confusión y agitación de nuevos problemas, retos y decisiones. Elimina las interrupciones externas.

"Reduce tu plan a unas palabras escritas.... En el momento en que lo haces, le das forma concreta a un deseo intangible".

—Napoleon Hill

2. Detén la realidad

Finge que es un juego, pon en marcha la fantasía. Deja que el gigante adormecido en tu interior salga a jugar. Si contaras con todas las habilidades, recursos y habilidades del mundo, ¿qué harías? ¿Qué te gustaría conseguir? No filtres, califiques, ni juzgues.

"Los mismos pensamientos que te trajeron a donde te encuentras ahora no te llevarán a donde quieres llegar".

—Albert Einstein

Recuerda: no prejuzgues tu habilidad o merecimiento para lograr lo que concibe tu mente. Dales libertad a tus pensamientos.

**Entiende que: *no estás comprometiendo a todo o a parte de lo que escribiste al comienzo. Estabas planteando ideas, dejando volar tu imaginación. Ya habrá tiempo de separar lo exagerado y absurdo, pero, para empezar, juega con insensato abandono. Si un genio saliera de una lámpara y te concediera 10 deseos para cada una de estas categorías, ¿qué escribirías? ¡A por ello, juega sin restricciones!*

3. Piensa a lo grande

Debes darte permiso para soñar a lo grande y enfrentarte a enormes riesgos. ¿Cuáles serían tus metas si supieras que el éxito está garantizado? Si pudieras escribir el guion para el papel de tu personaje en la vida, y este pudiera ser cualquiera, ¿qué papel escribirías para ti mismo? ¿Cuál es tu ambición secreta? ¿Qué es lo que siempre has querido hacer, tener o experimentar, pero el miedo te ha impedido hacerlo?

¿Cuál es ese objetivo tan enorme y atrevido? ¿Qué es eso que, con solo pensarlo, te entran sudores? Espera poco y el resultado será pequeño.

"El enorme peligro para la gran mayoría no es aspirar a mucho y perderlo, sino aspirar a poco y conseguirlo".

—Miguel Ángel

EVALUACIÓN DE HÁBITOS

La magia se produce cuando nos convertimos en la persona que necesitamos ser para atraer a la gente que deseamos conocer o los resultados que anhelamos conseguir. Utiliza el ejemplo que encontrarás a continuación para determinar cuáles son los factores mágicos que necesitas para conseguir tus objetivos. EJEMPLO:

OBJETIVO: Obtener un beneficio extra de $100.000 dólares el próximo año
Descripción general de QUIÉN NECESITO LLEGAR A SER:
Controlo de forma disciplinada el uso eficaz de mi tiempo • Me centro solamente en resultados importantes y acciones enormemente productivas • Todas las mañanas me levanto una hora antes para revisar los objetivos prioritarios • Me alimento correctamente y hago ejercicio cuatro veces a la semana para mantener un nivel óptimo de energía y eficiencia • Aporto a mi mente ideas e inspiración que fomentan y reafirman mi entusiasmo • Me rodeo de compañeros y mentores que elevan mis aspiraciones y me empujan a alcanzar un nivel mayor de disciplina, entrega y éxito • Soy un líder inteligente, seguro de sí mismo y eficaz • Busco y cultivo los puntos fuertes y sobresalientes de todos los que me rodean. • Les proporciono a mis clientes lo mejor de lo mejor y busco constantemente la forma de impresionarlos, lo cual redunda en su lealtad para otras transacciones y su recomendación a otros clientes
Nuevos hábitos, disciplinas o comportamientos que necesito INSTAURAR:
• Levantarme a las 5.a.m. y aportar a mi mente material beneficioso: 30 minutos leyendo o escuchando algo inspirador e instructivo • Dedicar 30 minutos a pensar en calma • Dedicar 30 minutos a planificar mi tiempo y comer un desayuno rico en fibra y proteínas • Hacer ejercicio durante, al menos, 30 minutos tres veces a la semana • Visitar a 10 clientes nuevos por semana, comprobar, revisar y desarrollar más las transacciones con 10 clientes existentes por semana, planificar cada día la noche anterior, recordar cumpleaños y aniversarios de empleados y clientes, seguir las noticias, bitácoras (blogs) y actualizaciones de cuentas objetivo.

REGISTRO DE RITMO DIARIO

Comportamiento/Acción	Lu	Ma	Mi	Ju	Vi	Sá	Do	Logrado	Objetivo	No logrado
								TOTAL		

Comprometerse significa hacer realmente y de forma constante lo que dijiste que harías, incluso después de perder el entusiasmo inicial que te impulsó a decirlo.

Fechas De _____ A _____.

INFLUENCIA DE INFORMACIÓN RECIBIDA

Evaluar la información recibida

Examinemos las formas posibles de aportarle a la mente información poco alentadora. Escribe 0 si no realizas esa actividad concreta.

Actividad	Tiempo dedicado		
	Cada día	Cada semana	Total anual
Leer el periódico			
Ver programas o noticias en la tele por la mañana			
Escuchar la radio durante trayecto al trabajo			
Ver las noticias de la tele por la noche			
Ver las noticias de la tele durante el día			
Ver la noticias en páginas web			
Uso de sistema RSS para filtrar noticias			
Noticias, bitácoras (blogs) de cotilleos, sitios web, lectores de eBooks, etc.			
Revistas de noticias (Newsweek, TIME, etc.)			
Revistas del corazón (Lecturas, Diez Minutos etc.)			
Otras fuentes de noticias, cotilleos, sociedad			
Comedias de situación u otros programas de televisión			
Películas que apenas tratan aspectos positivos de la vida			
Total			

Escribe tres formas de eliminar o limitar considerablemente la recepción de información negativa, intimidante, inquietante o comentarios sobre rumores o sociales innecesarios que se difunden mediante periódicos, televisión, radio, revistas, sitios web u otros medios.

1. _____

2. _____

3. _____

Plan para aportar información que alimente tu mente

¿De qué forma puedes aportarle a tu mente ideas e información positivas, inspiradoras, enriquecedoras y orientadas a la prosperidad?

1. _____

2. _____

3. _____

4. _____

5. _____

EVALUACIÓN DE RELACIONES

Evaluación de tus relaciones actuales

Está sección te servirá para evaluar el TIEMPO que pasas con personas que no pertenecen a tu familia más cercana (pareja e hijos) o a tu entorno laboral (a no ser que sean compañeros con los que socializas fuera del horario laboral). Debes evaluar el nivel de éxito de esas personas en cada uno de los aspectos que se muestran a continuación.

Nombre	Físico/Salud	Finanzas	Profesional	Mental / Actitud	Emocional	Familia	Amistades	Estilo de vida	Promedio

Ahora, organiza tus relaciones en tres categorías: distanciamientos, relaciones limitadas y relaciones ampliadas.

Distanciamientos

Quizá, debes distanciarte de alguien mencionado en la tabla de arriba o de alguien con quien te relacionas que ejerce una influencia negativa: mental, emocional, de actitud, salud física o de otro tipo. Estas personas tienen un efecto negativo en lo que tú comes, bebes, haces, escuchas o de lo que hablas.

Nombres
1.
2.
3.

www.ingramcontent.com/pod-product-compliance
Lightning Source LLC
Chambersburg PA
CBHW030519080526
44586CB00011B/253